授業論

何もしない時間
そして 手紙

板東克則

一莖書房

目次

第四部 手紙

第一部　授業

第1章

1. はじめに

かつて赴任した学校が荒れたことがあった。子どもたちが帰った教室を片付けながら、今日の子どもたちの様子について振り返り、なぜああいう行動をしたのか、私たちはどのように考えていけばよいのか語り合った。やがて、子どもたちは卒業し、日々の振り返りは不要になった。しかし、そうした日々の中で語り合い、得たものはとてつもなく大きいものだった。これは伝えなければならない。

振り返ってみると、今までの職場や先輩との関わりの中で、実に大きなことを学んできた。かつて、先輩にたずねられたことがあった。「教師にとって、一番必要なものは何か。」私には答えられなかった。すると、先輩が静かに言った。「それは、哲学だ。教育哲学だ。」

当時の私にとっては難解だったその答えも、今では少し味わうことができる。かつて、出会った校長が赴任して初めての挨拶の中で、こう言われた。「学校経営の基本は授業です。」授業……余りにも当たり前のことで、かつ余りにもそういうものとして意識することのないこの言葉が心に残った。こうした財産を伝えなければならない。「何もしない時間」「食と命」「手紙」……自分自身が、実践の中で創り出してきたものである。自分自身の中では当然のこととして完結している角度が、どうやら通常の実践とは異なるように感じる。こうした角度のずれが、年を経るにつれ、大きなものになっているように感じる。教育の根本のとらえ。日々の多忙さのために、一番根幹に関わることが見失われている。眼前の処理や対応に便利なものが重宝され、教育にとって一番重要なものとすり替えられ、はきちがえられていく教育の今……。

伝えなければならない。こうした想いで、かつての職場で、自主教育サークル「授業論」を立ち上げた。毎週、木曜日、1時間に限り、伝えるべきことを伝えていった。それこそ多忙な日常の中で、若手を中心に毎回10名程度の職員が集まった。この取り組みは私がその職場を去るまで、3年間続いた。

この時の内容を授業を中心にまとめ、そしてあの3年間では語れなかったものを加え、整理したものが、この「授業論」である。

今、教育の現場には、さまざまな改革が持ち込まれ、その一つひとつに義はあるものの、総体として教育が見えにくくなっている。教育を担う教師にしても、何を考えるべきかではなく、何をしなければならないかに追われているのが、実情である。そのため、何かを行うための指針があふれ、場合によってはその指針や情報の中で迷いを覚える教師すら散見する。

しかし、教育というのは、もっと人間の根幹に関わるものではないのだろうか。あふれる情報の中でつかむものではなく、足元を、根幹を探る中からこそ、つかみ取れるものではないのだろうか。ある現場で、落ち着きを失くしかけた学級があった。その担任と、授業を追究し、授業の仕組みを考える中で、子どもたちは真剣に考えるようになり、みるみる内にクラスは立ち直っていった。

教育というのは、そういう所作なのである。教育の根幹は授業である。そして、授業の根幹は人間理解である。したがって、教師に課せられた課題は、深い人間理解と、学問への探求心である。

こういうことを伝えるために本論を制定している。

(1) 授業とは何か

教師にとって、最も大切なのは、授業である。

このことに異論をはさむことはないだろう。

では、授業とは何か。

一番、根源的でさえあるこの問いに触れることは、少ないのではないだろうか。

授業とは、何か。

私は、「授業とは、教師と子どもが対峙し、真理に至る過程である」と、とらえている。

真理……。

大きな言葉であり、一見、教室という場面にはそぐわないようにも感じる。しかし、果たして、教室という小宇宙において、教師と子ども一人ひとりが全人格をかけて対峙する中で、真理に至る道程が開ける。そういう1時間の取り組みをこそ、授業と自覚しなければならない。

私は、そう考えている。

現代は、情報があふれる時代である。研究授業を行う場合にも、その単元に相当する指導案が行き交ったり、マニュアルを示す指導案集が容易に手に入ったりする時代である。しかし、真理を追究し、子どもと対峙することを願うならば、自分の言葉で語り、自分の感性で組み立てる授業こそ、目指すべきである。

では、授業には各個人によって、どこにも統一性はないのか。それならば、この授業論も不要の長物ではないのか。もちろん、個人によって感性が異なり、考えも千差万別である。しかし、真理に至る過程には、ある筋道がある。それを示すことが、本論のねらいでもある。それは、授業の型である。指導案を集めるのではなく、授業の型を身に付けること。その過程で、授業について深く考え、教育という営みの意味に気付くことになる。

この「授業論」は、その趣旨に従って展開していくことになる。

（2）授業の持つ二面性

授業には、活動としての側面と、内容としての側面がある。この二面性をとらえないと、真の授業は成立しない。

この中で、意外に意識されないのが、内容的側面である。

授業研究などで取り上げられる「教科」の内容についての検討は往々にしてなされることが多い。しかし、教科というのは、人類が営々として積み上げてきた「学問」につながるということは、存外に意識されることは少ない。指導要領等で、学年のつながりという観点から内容が吟味されることはある。こうした吟味では、学問そのものが細分化され、輪切りにされた、一切れが本時というものになる。つまり、その1時間の中には真理のかけらこそあれ、1時間の道程の中では真理に至ることは、不可能である。しかし、学問というものは積み上げた先にのみ、真理が待ち構えているものなのだろうか。

観点を変えてみる。1つの課題に取り組み、それを解決していく過程で得られるもの、そこに真理がある。そういうとらえである。真に価値ある授業を行えば、そこに叡智に輝く子どもの表情が見られる。真理を得ることによって、輝く子どもたちの瞳である。点数化するまでもなく、そこに歴然とした結果がある。積み重ねの先にある真理を求めるのではなく、真理を積み重ねていくという観点への変更である。

こうした真理に至る道程をたどるためには、そこに教師と子ども、あるいは子ども同士の切磋琢磨が必要である。安易な問答の中に、真理は生まれない。そのためには、教師にも子どもにも構えが必要になる。構えというのは、課題に対する集中力である。しかし、課題に対する集中力を磨くためのトレーニングが必要なのではない。そもそも、そういう欲求が人間一人ひとりの中には、潜在するのである。その力を信じ、内なる欲求に、素直に耳を傾けることである。こうした内なる欲求に開かれた教師と子どもが対峙することで、真理への道程が開かれることになる。

(3) 学びの性善説

子どもは、本来、学ぶことを欲している。

私は、このことを「学びの性善説」と呼ぶ。

この性善説を、果たして信じることができるだろうか。

優れた教師ならば、このことが理解できるだろうと思う。

点数にとらわれている教師には、この理解はまず不可能である。なぜなら、学びの性善説は、一部の子どもに当てはまるのではなく、全ての子どもに当てはまるからだ。いわゆる学力の低い子どもは勉強を嫌がるではないか……それは、違う。学力（本当は点数）の低い子であれ、高い子であれ、子どもは一様に学ぶことが好きなのである。

なぜなら、「学び」は「遊び」だからである。私は、学びは頭を使う遊びだととらえている。

子どもは、全て遊ぶことを好む。遊びやせんと、生まれける。点数の低い子どもは、例えば計算が苦手なのである。漢字が苦手なのである。だから、勉強から遠ざかろうとする。しかし計算は、そして漢字は道具に過ぎない。道具に対する苦手意識が、子どもを勉強から遠ざける。計算は、漢字は、道具に過ぎない。

だから、優れた教師は、道具を競うのではなく、学びそのものの世界に子どもたちを誘う。そこで、充分に遊んだ子どもは、学びの喜びを知る。そして、今まで自分が苦手だったものは、単なる道具であったことに気付く。やがて、子どもたちは自分自身が「学びの世界で遊ぶ」ために、道具を磨くことを自覚する。

それが、学びである。

学びは遊びであり、真に遊ぶためには、真剣でなければならない。遊んでいるうちに、つい時間がたつのを忘れてしまうような……学びでも同様である。チャイムで区切られた時間を飛び越えて、子どもたちは学びの世界に遊ぶ。

それが、学びである。

そういう本来の学びに立ち返れば、子どもたちは必ず学びの世界に遊ぶ。

子どもは、本来、学ぶことを欲している。

だから、「学びの性善説」は、成立する。

（4）子どもの背中に回り込むこと

授業には、必ずねらいがある。

しかし、ねらいというのは、本来、教師の側にあり、子どもにはそのねらいを達成する必然性はない。このことは、見落とされることが多い。

例えば、6年生が社会科の学習で「徳川家康」を学習する。これは当然なこととして教師は考えている。しかし子どもたちにとっては、家康を学ぶ必然性はない。徳川家康を知らなくても、生きていく上で何の支障もない。つまり、子どもには授業で扱う内容を考える必然性は全くないのである。

では、その必然性はどこにあるのか。それは教師の側にのみある。何故か。学習指導要領に、指導内容として掲載されているからである。教師は、学習指導要領に載っている内容を、子どもたちに理解させていかなければならない。それが、教師の務めだからである。

子どもには、知る必要はない。教師には、知らせる必要がある。

授業を行う前の、この立場を教師は常に自覚しておく必要がある。

では、教師はこうした内容を子どもたちに単に知らせればよいのか。それでは単なる詰め込み教育になる。こうした授業は少なからず存在するが、少なくとも本論で追究する授業ではない。

ただ、この構図は理解しなければならない。教師側にしかない必然性を、子どもたちのものとして転化していく過程が必要なのである。こうした過程が必要である以上、授業とは仕組みである。仕組みであるからこそ、その仕組みを成立させる手立てである「授業論」は成立する。

教師側にある教えなければならないねらいを「問題」と言う。それを子どもたちが自分の手で何とか考えていこうとした時、この「問題」は「課題」へと転化する。子どもたちが教師が与えた問題を、自分たちで考えていこうとする課題としてとらえたなら、後はこの子どもたちの手に委ねればよい。そしていくつかの支援を与えさえすれば良い。

この教師にある問題を、子どもたち自身の課題へと転化することを、「子どもの背中に回り込む」という表現をされた方がいた。蓋し、名言である。授業では、いかに早く子どもの背中に回り込むことができるかが、鍵になる。

この「授業論」も、換言すれば、いかに早く子どもの背中に回り込むかを伝える論に他ならない。

(5) 授業を流れでとらえること(川の流れを想起して)

授業を組み立てる時、そして授業の指導案を検討する時、何よりも大切なことは、流れとして授業がとらえられているかということである。4分節の授業を考える時にも、ひとつひとつの分節のつながりに妥当性がなければならない。

授業の切り口は多様である。題材も無数にある。何を扱うのか、どう扱うのか。そこには個性が反映される。しかし、流れそのものは誰もがうなずけるものでなければならない。流れは、必ず上流から下流に流れるのである。この流れに反するものはありえない。また、一つの流れが突然他の場所に移ることもありえない。すなわち、一端流れ出せば、その流れの方向は一定なのである。蛇行をし、迂回することはあっても、必ず高い方から低い方へと流れるのである。

授業を構想する時には、この流れを必ずつかんでいなければならない。

第2章

1. 授業の型について

(1) 授業の型について

授業論では、何を語るのか。

それは、端的に言えば「授業には型がある」ということになる。

授業というものが、子どもの必然性を原動力とするならば、その必然性を産み、必然性に沿って進み、次時につながるという流れの中には、どの教科にも通用する流れがある。それを伝え、応用を図ることにこそ、この授業論の意義がある。

型は、一度、それを身に付けたならば、いつでも通用したり、応用したりすることができる。一つの教科で型を身に付けさえすれば他の教科への応用は可能である。そういうものが型と呼ばれる。

習字を習う時には、その手始めとして、楷書を習う。一点、一画を大切にし、ていねいに字を書いてゆく。その上で、字をくずし、草書や行書へと進む。授業にも、この楷書がある。それが、授業の型である。

しかし、職員室において、この授業の型が伝えられることはほとんど無い。それは、授業の型を伝えることができる教師が少ないからである。楷書にあたる授業を意識して行った者もほとんどいないというのが実情であろう。

(2) S校長との出会い

元来、歴史に興味のあった私は、6年生の授業の中でも、自分の知識をしゃべり、歴史における自分の知識を披露するのが、自分自身の社会科であった。そして、別段、それに対し何の疑問さえ持っていなかったのが実情だった。

そんな折、クラスの中でも優秀な成績を収めていた子どもが、こんなことをつぶやいた。

「先生の授業なんか聞かなくても、教科書さえ読めば、テストで点が取れる。」

驚くべきことに、私は、この言葉に、動揺しなかったのである。

私が本当に動揺したのは、このことを当時のS校長に伝えた時だった。当時の勤務校で、私はそれなりに学校の中心的な存在となっていることを自負しており、当然校長からは、私を励ますような言葉を期待していたのである。何よりもこのことを伝えた場面では、私が相談を投げかけたのではなく、ただ単なる冗談話の上のような状況であった。

しかし、校長からは、次の一言が返ってきた。

「そうでしょうね。」

私は、この返答に愕然とした。当時、若く、授業以外のスポーツ活動などにも多大な時間と労力を割き、保護者や地域からもそれなりの信頼を集めていた自分にとっては、その一言が心にささった。当然、校長からも同様な期待と信頼を持たれ、学校の重要な存在に対するそれなりの返答の言葉を、どこか期待していたのである。

さらに校長は続けた。

「先生の授業を見れば、分かります。」

校長の言う授業とは、休日参観に行った社会科の授業のことだった。私は、参観に来る保護者を意識して、どの子どもたちにも活躍の場があり、それなりに発表する機会のある内容で、授業参観に臨んでおり、それを校長も見に来たのだった。

私はその時初めて、S校長が赴任の冒頭のあいさつで言われた言葉を反芻した。それは「学校経営の基本は授業である」というものだった。考えてみれば、初対面の職員に対し「授業」という言葉を使う校長には、その後も出会ったことはなかった。私自身、その言葉に対し、どこか違和感を覚え、いつもとは違う言葉だったからこそ、頭の片隅に残っていたのである。

授業……。

普段、教師としてあまりにも当たり前のこととして行い、そして、真に意識することのない、このことを本当に自覚するまで、教師として8年の月日が流れていた。

それから、私はことあるごとに校長室に通い、社会科の授業について学んだ。

S校長からは、実に多くのことを学んだ。

的確な資料を用意すること。子どもの背中に回り込むこと。授業には品があること。

そして、授業には型があること。

こうしたことの集大成として、その年の秋に「安保闘争」の授業に臨んだ。

その校では、人権教育の研究校として、11月に全校授業に取り組むことになっていた。教科は社会科か算数だった。当時、6年生を担任していた私は迷わず社会科に挑戦することにした。時期的にも、内容的にも、戦後を扱いたいと考えていた私にとって、「安保闘争」は魅力的な素材だった。

校長にも相談すると、唯一「子どもの手に合う資料が少ないこと」のみ、指摘された。校長との授業研究により、資料収集の魅力に取りつかれていた私にとって、資料が少ないことについては、逆に意欲が掻き立てられ、何の不安もなく取り組みを決めた。

当日、全校で１００名を超える参観者が集まった。単級の6年生の私のクラスには約60名の参観者があった。特に、教育委員会から派遣された6名の主事は、まず、私のクラスを参観した。そして、驚くべきことに、その6名は授業終了まで他のクラスには行かず、ずっと6年1組に留まり続けたのであった。他の参観者も同様であった。

(3)「安保闘争」の授業（資料後掲）

授業は、一枚の写真から始まった。黒板には、基地の中で戦車から身を乗り出す外国人兵士の白黒写真があった。例によって何もしゃべらずに、黒板に写真を貼り終えた私は、黙って子どもたちの反応を見た。子どもたちは一様に思いついたことをつぶやいていた。

やがて、少しおさまった頃、私は静かに子どもたちに問うた。「これはどこの写真でしょう。」子どもたちは口々に思いついたことを述べた。「外国」「外国や。」「アメリカ」「アメリカやと思う。」……そして、私は言った。「これは、沖縄の写真です。」一斉に「えー。」という声があがった。私は、その中の一人に驚きの声についてたずねた。つい前時に日本国憲法を学んだ子どもたちにとって、日本に基地があるということは考えられないことなのであった。私は黒板に「憲法9条があるのに、なぜ日本に外国の基地があるのか」と書いた。子どもたちの思考はまっすぐにこの課題へと向かっていった。

課題が整理されていった。子どもたちは手元にある憲法9条の条文を読み返した。そして改めて、日本国内に基地があるということへの矛盾を確認した。子どもたちは沖縄に本当に基地があるのかを確かめるため、地図帳を取り出し、その存在と広さを確認した。なぜ日本の中に基地があるのかという理由を求めていき、サンフランシスコ講和条約を資料集の中から見つけ出し、憲法9条とサンフランシスコ講和条約の条文を読み比べていった。

私は「国会を取り巻く安保闘争」の写真を見せた。子どもたちは、安保条約に対する事件であることを理解していた。この当時の人々は安保闘争についてどう考えていたのだろうか、という話になった。私は、答えを絞り込むことは考えていなかった。写真の背景を理解し、当時の人々の想いに迫ることで、本時のねらいは達成できたと考えたからであった。

時間も終わり、終了を告げようとした矢先に、それまで沈黙を保っていた子どもが質問した。

「先生、あの国連平和協力法というのも、このことに関係しているのでしょうか」

私は「そうかもしれないね。調べてごらん。」と答え、授業を終えた。

(4) 授業から得たもの

「安保闘争」の授業に至るまで、私は何度も校長室に足を運んだ。

そこで得たことは、実に多様であるが、大きく分けると二つのことになる。一つは「授業には型があること」そして「資料の重要性」である。

資料について言えば、資料には視覚的な資料（写真や絵など）と統計的な資料があり、授業の中で、それらが使われる場所はほぼ決まっているというようなことである。統計的な資料の中でも、数字を見ればすぐに導き出せるものと、操作を加える中で、その意味が光り出すものがある。

例えば、文明開化の中での女工の生活がある。最近では、24時間を円にして一日の暮らしを示している資料が多い。私は、わざとそれは見せずに、時間帯のみを書いている表を与えた。しかも、合計が24時間にならないものを。子どもたちは表を見て、やはり騒いだ。「朝、5時に起きている。」「すぐに、仕事やって……」子どもたちは口々に気付いたことを口にする。しばらくして、子どもたちに問う。「一日は何時間ですか。」24時間から、午前中の仕事時間を引く。午後の仕事時間を引く。夜の仕事時間を引く。子どもたちは、計算する中で沈黙する。引き算をし、その答えを導き出す中で、苦しさが浮かび上がってくる。

江戸時代の終わりに、冷夏があり、人々は納税に苦しむ。4公6民、5公5民という苦しさは、平常時はもとより、冷夏などの天災の年に苦しみは倍増する。こうした比率は、年ごとの事情により変動することがないからだ。そろそろ一揆や打ちこわしを授業でやろうかと考えていた時、校長室に呼ばれた。校長室の机の上に、一冊の本が置いてあった。江戸時代の東北地方のある村の米の取れ高だった。そこには、人々の苦しさをつかむのに適した資料が載っていた。見ると、そこには「神戸市立中央図書館」という文字がついていた。休日を利用して、校長が図書館に資料を探しに行ってくれていたのだ。そこで、私も持っていた本を開いて差し出した。そこには、より苦しい村の統計が載っていた。同じ日、私は古書街を歩き、資料を求めていたのだった。

校長は、静かに言った。

「板東先生の、資料の方が雄弁に語っていますね。」

私はこの校長から、実に大きなものを学んだ。

「授業には、品があります。品のある授業を目指しなさい。」

子どもたちがどんどん発表し、一見活気があるように思える授業に、私も少し憧れを持つこともあった。しかし、授業を思考の流れととらえるなら、人が真に深い思考をする時、果たして饒舌になるだろうか。沈黙の世界に浸り、高度に集中する中でこそ、本当の思考が生まれるのではないだろうか。饒舌を求める教師は、果たして真の思考を求めているのだろうか。変わらなければならないのは、実は教師の見方のほうではないのだろうか。

「授業には、ダイナミズムがあります。」

饒舌の場面と沈黙の場面。授業で大切なのは、このダイナミズムである。子どもたちが自由に喋り、自分の想いを話す時間。そして、ぐっとつまり、深く考え込む時間。こうした時間の対比。一人ひとりで考え、自分の考えを深めたり、まとめたりしていく時間。そういう考えをお互いに闘わせ、討議していく時間。集団と個の時間の配分。

「練られた授業は、シンプルになります。」

ダイナミズムであれ、授業の流れであれ、真に練られた授業の仕組みは本当にシンプルで単純なものになる。授業研究を行う過程で、余分なものが付け加わったり、複雑化したりしていくというのは、その研究自体に問題があることに他ならない。授業は練れば練るほど、シンプルになる。その授業で、本当につかむべきことが見えてくるからだ。

「授業で大切なのは、いかに早く子どもの背中に回り込むかということです。」

安保闘争の授業を行った6年生が卒業した日に、私は校長に年間のまとめを提出した。そのまとめの最後に校長の手紙が添えられていた。

「授業は、いかに早く子どもの背中に回り込むかということです。私は（校長は）数多くの先生と接してきました。板東先生は、その中で子どもの背中に回り込むことができる数少ない先生の一人です。」

子どもの背中に回り込む。

これは偶然に行えることではない。これをつかむためには、授業の型をつかまなければならない。

（5）社会科の授業の型

児童の活動	指導上の留意点	資料
①問題の提起	社会的事象につき、子どもにとって関心を持つ必然性はない。そこで、子どもの関心を鋭く引き付けるような資料からの導入が望ましい。例えば、写真や絵などの資料が有効である。	資料が必ず必要である。資料は、①③に必要であり、その資料の質は異なるものになる。
②学習課題への転化	①の問題を、子ども自身が自分から考えたいというようになった時、それは学習課題へと転化したと言える。 学習課題としては、 「～なのに～しているのは、なぜか」 というような、子どもの目の高さにあった不合理や矛盾に直面させることが必要になる。 多様な考えを出し、予想をたてる。 ここで学習課題が明確にならなければ、授業は進まない。 （非常に重要な分節）	②で決定した課題は、必ず黒板に板書しておく。

③課題の解決 ・調べる ・話し合う	②で、課題が子どものものになっていれば、この分節の初めには「じゃあ、調べてごらん。」となる。 このためには、普段から「どんな資料があれば、解決できるか」ということを、子どもが考えていくようにしておく。 （何があったら、分かるかな。） ・息の長い発言ができるように ・子どもにもたれる心のゆとり ・授業のダイナミックス〈動→静→動〉	①と対照的な資料を③では、使う。 写真・絵 ⇔ 統計・読み物 ・資料の裏には、人がある。数字の裏には、人がある。どうやって、資料から人をとらえさせるか。
④新しい課題（まとめ） ・各自の思いを書く。	各自がこの時間に考えたことを書き、それを出し合うことで新たな問題が生じていく。 それを次時につないでいく。	

授業は、子どもの必然性によって進んでゆく。逆に言えば、子どもにとって必然性のない授業は成立しない。しかし、授業はあくまでも、教師によって仕組まれたものである。したがって、教師からの出題をいかにして「子ども自身の課題」ととらえさせるかが重要である。4分節では、②がそれにあたる。S校長はそのことを「子どもの背中に回り込む」と表現されてい

た。

課題は、できるだけ明確であることが必要になる。そうすれば、授業自体もシンプルなものになり、板書も整理されてくる。課題が整理されてくると、授業の流れも整理されてくる。つまり、だれがどう考えても、そういうふうに考えていくという、思考の流れに沿うことになっていく。

授業は、子どもの論理に支えられていく。

授業の初めには、大多数の子どもたちの発言が必要であり（課題が子どもたちのものになっている証拠）、授業が進むにつれ、その発言の割合は減っていく。それは、授業が深まっていくからであり、子どもの思考が深まり、容易に答えられなくなっているからである。

「授業には、品がある。品のある授業を目指しなさい。」

（6）「社会科の授業の型」について

右記の型は、S校長に教わった授業の型を、私なりにまとめたものである。

この型について、私自身が検証していったことは、

○2分節を仕組みきること

○資料の追究

この二点ではないだろうか。

この二点について述べてゆきたい。

社会科の授業を4分節で展開していくとすると、活動の中心は3分節になる。ここで、子どもたちは話し合い、思考を深めていくからである。いきおい、授業検討でも、この部分が最重要視され、ここをどう展開していくかということに重点が置かれがちである。

しかし、「子どもの背中に回り込む」ことは、実は2分節で行われているのである。だから、授業を組み立てる際には「2分節を仕込みきること」が何よりも肝要になる。

授業を行う前に、「授業のねらいは教師側にあって、子どもの側にはないこと」は前述した。つまり授業では、教師側にあるねらい（問題）を、早く子ども自身が解決しようとするねらい（課題）へと転化することが必要なのである。その問題から課題への転化が行われるのが、まさにこの2分節になるのである。そこで、2分節を仕組み切ることこそ、授業を成立させるために、最重要な鍵であると言っても過言ではない。

人が自分からものを考えようとする契機はどのようなことであろうか。「あれ？」というように疑問を持ったり、立ち止まったりすることが思考の発端になる。

整理すれば、

疑問……「あれ、どうしてだろう」

選択……「どちらが、正しいのだろう」

矛盾……「……なのに、……なのはなぜだろう」

こういう課題であれば、人は思考の世界に必然的に流れ込む。こうした課題について考える中で、本時のねらいを達成していくのである。

この課題は、できるだけ明確で具体的であるものが望ましい。明確であればあるほど、子どもたちの思考の目標がはっきりとするし、授業自体が単純でシンプルなものに立ちあがってゆく。また、課題が具体的であるほど、資料が扱いやすいものになる。課題が抽象的になると多様な資料が必要になり、子どもたちの思考が分散されてゆく。

資料には、前述の通り、視覚的な資料と統計的な資料がある。

子どもたちを本時で扱う世界に導入していくためには、視覚的な資料に訴える方が良い。すなわち、1分節では視覚的な資料の方が望ましいということになる。この資料を提示する際に大切なことは、教師が一切しゃべらないことである。よく説明をしながら、資料を提示している場面を目にする。折角、資料の持つ視覚的刺激で子どもたちをその世界に導くのなら、そこでの説明は不要である。教師がしゃべればしゃべるほど、資料の持つ世界は狭められ、子どもたちは抑制されてゆく。話す必要があれば、子どもたちへの揺さぶりが一段落ついた後に行えばよい。子どもたちが資料から、とんでもない方向にそれた発言をしても、それはやがて子どもたち自身の中で自浄されてゆく。

3分節では、統計的な資料が必要になる。子どもたちが資料をもとに、自分たちの考えを確かめていく過程になる。思考を深めたり、討議したりする際の手がかりになる資料である。だから、個々では直感的な刺激を行う資料よりも、統計的な資料あるいは読み物的な資料が有効になる。

(7) 算数の授業の型

①算数と社会科の違い

授業には全ての教科につながる型がある。しかし、教科の特性により、そこには多少の違いも生じてくる。

社会科と算数にも、違いはある。社会科の授業の組み立ての中では、2分節の重要性を述べた。それは、そこに「問題から課題への転化」「教師の問題から子どもの課題へ」ということがなされるからである。

しかし、算数では、授業の最初に問題が提示されることが多い。その問題自体が、教師にとっては問題であり、子どもにとっては課題になっている。つまり、教師が問題を提示すれば、子どもは反射的にその問題を解こうとする。だから、課題への転化という段階が不要になることが多いのである。

また、答えも異なる。社会科の場合、子どもの課題に対する解答が一つに集約されることは少ない。答えが幾通りもあり、それぞれに優劣をつけ難いということが多い。さらに答えが出せないという場合すらある。それに対し、算数では答えが明確であり、一つに集約されることが多い。

だから、算数では出された結論を問うよりも、むしろ答えに至る過程そのものを問うことに意義がある。もちろん社会科でも、その過程を問うことの重要性は変わらない。ただ、社会科では答えが多様化することになるので、その答えに至る思考の筋道を問うことに価値があり、算数では答えが一本化されることになるので、その答えに至る過程の多様性を問うことに価値があることになる。

しかい、いずれにせよ、子どもたちの思考の流れを追い、思考を深めていくことの重要性は何ら変わらない。

②算数の授業の型

集団・個	子どもの活動	○指導上の留意点	備考
集団	1. 問題を読む	○黒板等に問題を書き、出題する。	言葉は最小限におさえる。 無駄な貼り物などは不要。

個	2. 各自でノートに解く。 ・理由を書く。 ・数多くの考えを書く。 ・黒板に書く。	○式と答えだけを書かさない。必ず、理由を書かせる。 ○多様な考えを求める。 ○同じ考えで表記法の異なるものをとらえる。 ○書けない子には絵で描かせる。 （線分図は難しい）	設計図 誰の考えを どこに
集団	3. 発表した考えについて話し合う。 ○同じ考えはどれ ○考え方の違いは何？ どの考え方がいつでも使え効率的？	○考えを分類していき、赤グループ、青グループなどで囲んでいく。 ○グループ間の考えの違いを明らかにしていく。 ○公式化の道を探る。	似ている点、相違点を考えることから、本時の核心をとらえさせていく。 効率化の観点から公式化をしていくが、多様な考えは必ず認めていく。
個	4. 類題で練習する。	○公式化した考えで解答させ、公式の意味を感じ取らせる。	

③算数の授業について

〈子どもを思考に追い込む〉

既述のように、算数においても、子どもを思考に追い込んでいくことは、社会科と何ら変わらない。むしろ、社会科よりも課題が明確であることから、子どもたちを思考の世界に導きやすいとも言えよう。経験の少ない教師が、比較的算数に取り組みやすいのは、こういう特性があるからである。

しかし、ここで多くの授業が解法を教えるということに陥る。あるいは、子どもの発言を取り上げるという形式を踏みながらも、他の場所（塾や参考書）で知り得たことを発表させて取り上げてゆくという授業形態が多く見られる。これでは、思考ではなく知識の伝達に過ぎない。また、公式や解法を指導しておいて、練習問題を重ね、できにくい子や時間のかかる子の個別指導に時間を割くという方法も見られる。場合によっては、早くできた子が「教師の助手」になって、遅い子を助けるという場面も見られる。勿論、習熟の場ではこうした手立ても可能であろうが、公式を導き出したり、考え方を討論したりするような授業でこうした手立てが行われるのは、論外である。

こうしたことが日常化している学級では、「学びの性善説」は成立していない。子どもたちは、課題を前にすると、必ずやすばらしい考えを披露するものである。学年当初にこうした子どもたちの発見や考えをほめておくことである。そうすれば、必ず子どもたちは、学びの世界に遊ぶ。

〈多様な考えから公式化〉

子どもたちには、常に多様な考え方を求めてゆく。

なぜなら、いくつもの考え方の中で、最も効率的であり、普遍的である考え方や方法こそが、公式として認められてゆくからだ。公式を導き出すのではなく、いろいろな考え方の中から、公式こそが最も優れた方法であることを実感させてゆくのだ。この過程を踏むことこそ、算数における真理への道程になる。

算数が得意な子（点数の高い子）は、よく式と答えを書いて済ませていることがある。教師は、よく注意はするはずだが、何を注意すればよいのか具体的ではない。なぜなら、教師は問題を出し、それを解答するように指示し、その子はすでにそれを済ませているのである。子どもにとって、それ以上指導されるいわれはない。

しかし、普段から、なぜこの公式が優れているのかを問うような授業を行っているならば、こうしたことはありえない。なぜなら、公式はいくつもの考え方の中から選び出されるものだからだ。畢竟、公式を選定するためには、複数の考え方が必要になる。多様な考え方が求められることになる。算数が得意な子には、多様化を競わせることだ。

一方、算数の苦手な子（点数の低い子）の中にも、直感的に鋭いひらめきが多く見られる。

しかし、この子たちは今までの苦手意識から、考え方を表現する手段を持たないことが多い。だから、それを支援する。式の形で答えなくても、絵に描いたり、文で書いたりすることを認めてゆく。最後まで完成しなくても、途中までで良いことを示してゆく。すると、必ずやこうした子どもは伸びるし、今までの苦手意識が払拭されてゆく。途中までで終わっていたら、教師が援助してもよいし、点数の高い子にその続きをさせてゆく。すると、他の子どもの優れた発想を実感することにもなる。

こうして多様な考え方を競わせ、その中から公式を導き出す授業の土台を作る。

〈「宝探し」と「設計図を描く」こと〉

私は、こうした多様な考え方をノートに書かせ、それを机間指導して見回ることを「宝探し」と呼んでいる。授業を組み立てていくために、どうしても必要な考え方はある。またおそらく子どもたちはこう考えるだろうという予想はある。

しかし、中には子どもたちは教師の予想をはるかに超えた考え方を持つこともある。だから、「宝探し」である。表現方法も実に豊富である。こうした時間を宝探しとして、楽しめる余裕が必要である。

この時間には、もう一つ重要なことがある。それが「設計図を描く」ことである。

子どもたちの宝を拾い上げながら、どの考えを取り上げるのかということの作戦を練る時間である。また、黒板に板書させる場所も重要になる。教師自身が予想していない考え方に遭遇した時に、それを授業の中で自分の力で消化できるかどうか、自問自答する至福の時間にもなる。

こうして、複数の考え方を拾い上げ、黒板に書かせてゆく。同じ考えを持つ子、対立する考えを持つ子についても、この間につかんでおく。慣れるまでは、座席表を用意し、メモしていくことも手立てとして必要になる。

〈分類・比較・公式化〉

板書に取り上げる考え方としては、いくつかの考え方を取り上げることが望ましいが、慣れるまでは同じような考え方を、異なる表現方法で表している考えを書かせてみるのも良い。板書した考え方を発表させ、討論していく中で「全ての発表に共通することは何か」を問うのである。この共通点をつかむことから、公式への道もつながる。

しかし、本来、多様な考え方を求めたのであるから、多様な考え方を取り上げることが望ましいのは言うまでもない。

黒板にいくつか並んだ考え方を分類させてゆく。子どもたちは、表現方法で分類することもあるし、計算方法で分類することもある。しかし、こうした表面的な分類ではなく、やがて内容として分類してゆくことになる。「どの考え方が同じですか」という問いかけになる。子どもたちは、板書を改めて見直すことになる。中に、必ず分類に迷う考え方が出てくる。こうした迷いを誘う考え方が、多くの場合公式化への鍵になる。迷ったなら、別の単独のグループとして位置付けておいてもよい。

次に、グループごとの比較を行う。(例えば赤や青で囲んでおいて)「赤グループと青グループの考え方は何が違いますか」というように発問する。これは、違いをたずねているように見えるが、実は各グループの考え方をまとめさせていることになる。各グループの特色を一言で表現できるようになっていたら、次の公式化への道は確立されたも同然である。比較することで、要点をつかませるのである。

こうした比較の上で「いつでも使え、最も効率的な考え方はどれですか」と問う。ここまで、考え方が進んでくれば、子どもたちには公式の持つ意味が明瞭になる。そこで、公式にまとめる。この後で、公式が導き出せたのも、他の多様な考えがあったからだということに触れることも忘れてはならない。この手立てが、次の多様化を産む。さらに、こうした段階では、グループ化が困難だった考え方の処遇も見極められることも多い。

そして、公式を利用した応用問題に取り組ませる。

2. 教材研究

林竹二は、その著書の中で「授業をするため『教える』教材を集めるのでは、研究ではない。研究とは、全て自分のためで、自分が納得いくところまで追い詰める仕事だ。それができた時、はじめて、『教える』ことが教師の中に生まれ、見えてくる。教師の最大の欠陥は、教えることだけを考えて、自分のために学ぶ姿勢を欠くことだ。」と述べている。教材研究を行う中で、この「教師自身の追究」がどこまで深く行われるかとともに、その方向性が厳しく問われなければならない。

例えば国語で「やまなし」を追求するならば、まず読むことである。読み込むことである。そこに教師自身の考えを構築していく。そして、読むことである。すると、その考えが修正されていく。そして、再構築を行う。その中で、どこかに引っかかりを覚える部分が出てくる。これは直感的なものになる。こういう点をとらえて、「教師の押しつけ」と批判されることも多々あるが、この初段階での引っかかりというのは、案外、根本的な問いにつながるものになる。こうした引っかかりを感じ取るためには、日頃から感性を磨く必要がある。本を読み、音楽を聴き、名画を見、書き……こうした日々の積み重ねが引っかかりを産む。

次に、調べることである。宮沢賢治について徹底的に調べることである。賢治の書いた全作品を読み、その生涯について調べ、その背景をつかむことである。何よりも良いのはその場に出かけることである。花巻に出かけ、東京に出かけ、賢治が暮らし、書いた場所の空気を吸うことである。時代は流れてはいるものの、そこからつかめるものは大きい。

そして、読む。

そして、再度、「やまなし」を構築してみる。この段階で、自分の引っかかりが確信になることもあれば、それが単なる思いすごしに過ぎなかったことに気付くこともある。そこに価値がなければ、捨てる。価値があれば、拾う。そして、読む。目を皿のようにして読む。自分が構築し、描いた世界を検討する。そして、世界を確立する。

こういう段階までは、子どものことは考える必要はない。ただ対象に純粋に対峙するのだ。対象が文学作品であれば文学者に、科学的な問題であれば科学者に、絵であれば画家に、音楽であれば作曲家に、教師はなりきることである。その分野全体の専門家になる必要はない。だが、その題材の専門家になりきる必要がある。

こうして、自分のつかみとったもの、つかみとった世界を確立する。そして、あたためる。熟成を待つ。問い直し、深める。この過程が大切である。だから、この過程を教師自身が苦しみ、楽しまなければならない。

ここでつかみきったものを、何らかの形で表現する。文として書いても良いし、図に表しても良い。書くことで、自分のつかんだものの正体が分かるとともに、修正を加えることもできる。だから、書く。

そのつかんだものを、核に据える。教師が個人としてつかみきったものを核に据える。単元として、そのものが中心にくるように構成をしていく。そこで考えなければならないことは、「積み重ね」と「うねり」である。

そこをつかみ取るためには、知識として、そして要素として、子ども自身も把握しなければならない事項がある。それは、確実に全ての子どもたちにつかみ取らさなければならない。それが「積み重ね」である。

そして「うねり」である。ただこつこつと積み重ねるのではなく、そこに大きなうねりが必要である。今まで積み重ねてきたことが裏返されるような、あるいは、大きく疑問を持つような、そういう流れのうねりを持たせることである。こうした過程を経て、「核」はますます輝き、存在感を持つ。

「核」での、子どもたちとの対峙である。教師は、この時、子ども一人ひとりをねじ伏せてやろうという気概を持つ必要がある。自分がつかみ取ったもののすごさを、子どもたち一人ひとりに感激させてやろうという思いで、授業に、勝負に臨まなくてはならない。この「核」までを共に歩んできた子どもたちに、遠慮は不要である。子どもたちも、当然、この勝負に打ち勝つだけの歩みはしている。ここに「学びの性善説」が生きる。

子どもには、真正面から立ち向かう。そして、自分の道筋の正しさを味わう。そして、それ以上に子どもの反応のすごさ、素晴らしさを味わう。ここまでを共にしてきた子どもならば、確実に教師を超える輝きを放つ。これが、授業である。

そして、教師も、子ども一人ひとりも、この対峙から得たものを書きとめる。この糧を元に、教師は次の対峙への原動力を得る。
これが、教材研究である。

3. 指導案

(1) 指導案の形式「教材観」「児童観」「指導観」

指導案に書く内容には、教材についての考えを述べる「教材観」、子どもたちの実態について述べる「児童観」、そして指導の道筋や手立てを述べる「指導観」が、代表的なものであろう。こうしたものを融合した形や、他の言葉に置き換えた形なども見られるが、内容としては、ほぼこういうものではないだろうか。

こうした三者の中で、最も重要なのは、何だろうか。それは「教材観」である。なぜなら、授業を構成する時に、何よりもまず教師自身がその教材と対峙しなければならないからである。教材と深く交わることにより、授業には厚みが加わる。

何よりも教材観である。教材をどう理解し、とらえ、その本質に迫ったのか。それなしには、その授業は輝かない。他人の指導案を借りてきたり、いくつかの指導案を組み合わせたりするような教材のとらえは偽物である。自分で対峙し、自分でとらえ、自分で迫らなければならない。そのためには、何よりも「自分の言葉を持つ」ことが必要である。だから、何よりも教材観である。

一時、「子どもの主体性」が叫ばれ、まず「児童観」を述べるべきであるという主張がなされたことがある。実に書きにくい。何故か。簡単である。子どものことを信用していないからである。「学びの性善説」を信ずるならば、一体、どこのクラスであれ、学校であれ、子どもたちは一様に学びを欲していることを理解できるはずである。子どもの実態をまず初めにくどくど書く必要はない。

児童観については、別段、章を起こさずともよいのではないかという思いもある。指導観の中に含めて書くことも可能なのではないかとも考える。

指導観については、その教材でどのように子どもたちと対峙していくのかという筋道や手立てを述べるところである。ここには、個性が表現される必要がある。授業者によって個性があり、その手立てや筋道は大きく異なるはずである。ただし、1時間の授業の流れでも述べてきたように、その流れそのものには万人がうなずけるものでなければならない。

(2) 過程の表記

指導案がパソコンに取り込まれるにつれ、過程の表記の中に、写真や資料なども描かれるようになってきた。そして、そういう容量が増すことにより、指導案自体の容量も増してきている。書かれている内容が豊富になり、具体的になってきている。こうした表記は必要だろうか。

答えは、否である。

指導案は、授業の流れを描くものである。授業者自身の心づもりを描くものである。万人に問うものでなく、授業者自身の思いや考えを具現化したものである。参観者のためや万人のために書かれたものではない。万人に問うのは、指導案ではなく、授業そのものなのである。

だから、過程の表記は、細かく、具体的に書くことを良しとするものではない。授業の流れ、うねり、爆発、沈滞……そういうものを描き出すのが指導案である。いわば、授業の骨組みを描き出すものなのである。そこに、具体的なことのみを羅列していくと、一見、ていねいに見える。しかし、それは活動の表記をしているに過ぎず、肝心の流れそのものが見えなくなる。過程の表記は、骨組みで、流れを示すべきものである。

具体的な手立てについては、授業者自身が授業の具体的な構想を練る細案で行うべきものである。しかし、この細案は人に見せる類のものではない。自分自身で具体的な授業を構想する際に、授業者自身が自分に問いかけるための手立てである。容量の大きい指導案では、この混同がおき、肝心の流れに対する授業者の目が失われている。具体的な手立ては、授業そのもので見せればよいのである。

(3)「留意点」について

既述の「子ども主体」が叫ばれたのと時を同じくするかのように、「留意点」という言葉から「支援」という言葉が使われるようになった。それは、子どもの「活動」に対する教師の動きであるから「支援」になるという解釈が加えられた。ということは、指導案ではなく、活動案が描かれるようになったということに他ならない。しかし、授業を進めていくのは思考の流れである。このことからも、教師が行うのは「留意点」であり、「支援」ではない。

これは、一見すると、単なる言葉のあやに過ぎないようにも思える。しかし、こうした言葉の用い方一つに、授業そのものに対する考え方の変化が表れているというように感じる。

授業を進める原動力は、子どもの思考の流れである。だから、教師に必要なのは留意点である。そこに支援が必要なら、指導案は活動の組み立てになり、活動案になる。

(4) 指導案が完成する時

指導案を作るためには、その教材と深く対峙しなければならない。その格闘する過程では、常にもやもやするものである。いくつかの案が消えては浮かび、浮かんでは消えていく。流れもままにならないし、常に迷いに陥る。そして、自分の中で何度も何度も修正を加える。教材を別な視点から見つめてみたり、発想そのものを変えてみようと試みたりする。この過程は、本当にしんどいものである。誰かの指導案をまねてみようとしたり、安易に助言を求めたりするのもこの時点である。しかし、このもがき苦しむ過程を経なければ、真に優れた指導案は生まれない。悩んだなら、迷ったなら、そのままの形で持ち、さらに苦しむことだ。この過程を決して逃れてはならない。

やがて、そういう迷いや悩みがきれいに晴れる時が訪れる。それは、悩み、苦しむ中で、その教材の核をつかむからだ。優れた教材には、必ずその教材を貫き通す核がある。その核、すなわち本質をつかみ取ることができる。そのためには、この苦しむ過程が必要なのだ。その核をつかみとると、突然、難攻不落に見えたその教材が、実に単純に見えるようになる。そして、指導の道筋もくっきりと見えるようになる。

こうした熟成に至る道程が必要なのだ。酒は発酵までに、必ず熟成の時を要する。その間、杜氏は何もしていないのか。いや、違う。例え、行動は起こさなくても、細心の注意と集中力を持って、酒そのものに向かい合っているのだ。教材に対する教師も同じである。

練られた指導案はシンプルになる。それに従って、板書も美しくまとまりを見せる。指導案の言葉から、不要な言葉や飾りが抜け落ち、そこに真に磨かれぬかれた言葉のみが力強く、かつ美しく輝きを放つようになる。

そういう瞬間に指導案は完成し、授業はゆるぎないものになる。

第３章

1．話し合い活動について

(1)「話し合い活動」の三要素

話し合うという活動には、三つの要素がある。「話す」「聞く」そして「関わる」ということである。「話す」「聞く」については、教師の間で重要視されることが多いが、案外論じられることが少ないのが「関わる」ということである。子ども同士の関わりはもとより、子どもと教師の関わりについても、授業を成立させていく中で、より重要視すべき論点であろう。

(2)「話す」ということ

「話す」ということで、重要なことは、次の2点がある。

・息の長い話

・表情のある話

この二点である。

教師は、よく「長い発表をさせたい」という願いを持つ。では、長い発表というのは、どれぐらいの時間を指すのかを聞いてみたことがあった。すると、単語ではなく文としての発表を、とか、2~3分位とか答えはあいまいであった。要するに、今よりも長い発表を……というのが本音であろうと推察する。裏返せば、自分のクラスの子どもたちの発表に満足していない、あるいは充分な発表ができる子どもに育てていないということになる。

富山県に堀川小学校という学校がある。この学校では「朝の確かめ」という時間を設定し、そこで子どもが自分が調べたことを発表する。発表時間は、優に10分は越す。授業においても「個の追究」を重視しているので、一人の発表が長い。二、三人の発表で1時間が終わってしまう。一人にすれば、20分程度になろうか……。

不思議である。普段、長い発表を、と言っている教師にこの話をすると、一様に顔を曇らせる。そんなに長い発表をしたら、後の子どもはどうなるのか……そういう反論である。

簡単である。聞いているのだ。おそらくそういう戸惑いを持つ教師は、そんなに聞く子どもも育てていないのである。話すことも、聞くことも、育てていないのである。

何故か……。

簡単である。話すべき内容がないのである。

人は話したいから話す。あるいは、話す必要があるから話すのである。そして、そういう必然性のある話には、子どもは必ず耳を傾ける。

話さず、聞かない……というのは、発表を単に形として詰め込もうとしているのである。内容の無いことを話し、聞くことほど、つらいことはない。話すべき内容を産み出すこと。すなわち、「話したい」という想いをこそ、育てなければならない。

堀川小学校から戻り、自分のクラスでも「朝の確かめ」のようなことを試しに行ってみた。すると、どの子どもも10分以上の発表をしていた。長い発表と言いつつ、それを制限していたのは、実は自分自身だったのである。その後は、そういう取り組みはしなかった。そうする必然性が無かったのである。

「表情のある発表」というのは、私の造語である。

よく、黒板の周りに発表方法についての掲示を見かける。「～さんの意見に賛成です。それは、～だからです。」等である。

私は、こういう指導は一切行わない。

話すというのは、もっと人間の営みの中にあるありふれた所作である。ここに基準を置く。例えば、自分の想いが痛烈にある時には、その言葉の語調は当然強くなる。自信がない時は、声は小さくなる。同意を求める時には、誘うような語尾になる。こういう自然な表情を持つ言葉を発表でも行うべきである。ちなみに、既述の堀川小学校の子どもたちの発表の語尾は、方言が活き、かつ自然であった。

話す形を規定すれば、一定以上の確信がなければ発表につながらない。「こう思うけれど、どうでしょう。」という問いかけにしても、少なくとも「こう思う」段階に達していなければ、発表できない。しかし、往々にして、自分自身の想いがまとまらなくても、問いかけてみたいことは案外多いものである。いや、むしろ、こうした問いからこそ、深い課題が生まれることも多々ある。

普段から、自然体で話すこと。話すことを強要しないこと。形で規定しないこと。

そういうクラスの雰囲気から、表情のある発表が生まれる。さらに言えば、人は話す時に手を挙げてから話すことはしない。

(3)「聞く」ということ

私は、朝クラスに行くと、その日のニュースや当時の話題について話すことが多かった。例えば、黙って黒板に見出しの言葉を書く。子どもたちがざわざわとする。「あっ。あのニュースや。」……「そうだね、よく知っていたね。実は、このニュースには、こんな裏話があるんだけどね……」

時々は、こういう調子で45分を使うこともあった。時には、故意にこういうことを設定した。理由は二つある。一つは、自分自身の言葉を確めること。そして、もう一つは子どもたちに「聞くことは楽しい」という想いを持たせること。

「聞く子どもを育てる」

簡単である。面白い話をすれば、必ず子どもは聞く。そして、そういう過程を通して、子どもは「聞くことは楽しい」ことを学ぶ。だから、話を聞く。教師だけでなく、子ども同士の話にも真剣に耳を傾ける。

まず、教師が子どもに面白い話をすれば良い。面白いというのは、馬鹿げた話ではない。耳を傾けるに値する話、という意味である。私は、時折、45分間、子どもたちに語り続け、その間、誰一人も気持ちをそらさないで話せるかを試すことがあった。内容さえあれば、必ず子どもは聞く。そして、そらせてしまう時には、自分自身の語りに魅力がないことになる。そういう時は、自分の言葉が枯れているのだ。

そして、子どもの言葉を真剣に聞く。子どもの言葉の中には、必ずキラッと光る原石がある。その光を逃さず、心の底から賞賛するのだ。すると、その子の言葉はますます輝きを持つし、他の子どもも一緒に輝きを探すクラスになる。

（4）「関わる」ということ

関わりを活かすために、最も重要なのは「つぶやき」である。

誰かの発表に対し、うなずいたり、首を振ったり、つぶやいたりする集団。一つの発言が、小さな波を起こし、それが響くようなクラス。そういう中では、安心して発表できるし、誰もが主役である。

だから、つぶやくことを子どもたちに推奨する。立って発表しなくても良い。まず、自分の考えを何らかの形で表明すればいい。声に出すことができなければ、態度で表しても良い。こういうことを認めていくことだ。

つぶやきは、ルールを無視した発言という考え方もある。そうだろうか。ルールにのっとった形でしか、発言できない集団で、本当に豊かな深い思考が生まれるのだろうか。

つぶやきは、きっかけである。そのつぶやきをもとに整理された考えが生まれたり、つぶやいた本人以外が後を続けるようなことをしたりする中で、本質的な考えが生まれるものである。思考とは、そういうものである。初めから整然とした形で生まれるものではない。整然とした形を持つのは、知識である。産み出され、整理され、蓄えられたものである。授業が、真理への過程を歩み、創造することを目的とするなら、当然、つぶやきは重視されなければならない。

言葉にはならない表現。

うなずく。首をかしげる。

動きにもならない表現。

目の色。表情。

こういうもの全てが、授業を構成する重要な要素になる。

2. 板書について

板書は、思考の跡付けである。

この授業が何をねらい、そしてどういう思考が流れてきたのかを明らかにするのが、板書である。子どもたちは板書を参考に、思考をたどり次へと考えを進めていくのである。

そのために、板書では骨組みを書いていくことになる。子どもたちの一人ひとりの言葉を拾うのではなく、総体として、どういう流れやうねりがあるのかを表現していくのが板書である。だから、そぎおとし、流れの核心やキーになるものをつかみ取らなければならない。

よく、いろいろな色を使った板書を見かけることがある。あるいは、子どもだけが話し合い、教師は黒板にずっと対面し、いちいち言葉を拾い上げる授業がある。板書を必ずノートに写す授業がある。板書は、思考を流していくための手立てである。

かつて、授業論で、着色の多い板書を「油絵的板書」、少ない色で骨組みを書く板書を「水墨画的板書」と説明したことがあった。板書というのは、思考の跡付けをするのが、趣旨であるから、当然、水墨画的なものにならなければならない。

子どもの発言を拾いつつ、そのつながり、方向性、関連性など、無駄なものをそぎおとし、骨組みだけを明確に表していくと、それは当然水墨画的なものになる。いろいろな色を使い、子どもの発言を刺激的に表現していくのは、そこに「選び取る」という過程が抜け落ちる。

板書に使う色は、白・赤・黄色の三色でよい。少ない色で、流れを表現したり、書くこと自体を減らしたりするためには、事前の、そして授業中の緻密な計算が必要になる。無駄を省く、ということは、本質をつかみ取るということに他ならない。子どもの発言一つとっても、その発言の核は何か、前後の発言とどうつながるのかを常に注意して聴きとらなければならない。そして、書くものと書かないものを選別していかなければならない。また書くとしても、どこに書くのか、どう書くのか。一つ書くということは、それだけ子どもたちに対する刺激を増やすことになり、授業の流れそのものに方向性を与えるものになる。だから、教師自身が本当に計算して書かなければならない。当然、水墨画的なものにならざるをえない。

板書は、授業の中の闘いの跡である。それをだらだらとノートに書く必要はない。その跡を元に、それぞれが何をどう考えるかを書かせるべきである。

3. 指名について

(1)「手を挙げる」ということ

授業を参観する中で、よく手が挙がるクラスにしたいとか、発表の多いクラスにしたいということを耳にすることが多い。一見、子どもたちが手を挙げていると、授業が活発に見えることがある。勿論、場面によっては、たくさんの子どもたちが自分から意見を言おうとすることは重要かもしれない。しかし、本当に深い思考を求められる時に、この要求は成立するのだろうか。その前に「手を挙げる」という行為そのものの意味について考えてみなければならない。果たして、手を挙げるという行為は思考につながっているのだろうか。

私は、担任をしたクラスでは、挙手を求めなかった。いや、むしろ、挙手を禁じていたという方が正しいだろう。それは、なぜか。実は、挙手という行為は思考停止を表す手段だからである。子どもたちが元気に手を挙げる。これは、一見、積極的に授業に関わっているかのように見える。むろん、その流れには乗っているのかもしれない。しかし、手を挙げるということは、その時点で思考を停止すること、すなわち「これ以上考えません」あるいは「これ以上（他の人の）考えを聞きません」ということを表現する手段なのである。だから、私は挙手することに、意味を求めなかった。

では、どうするのか。「目で合図しなさい」という指示を出していた。というよりも、目を見ていれば、その子一人ひとりの考えていることはつかめるものである。「だから、余計な行動はせずに、しっかりと考えなさい。」というように伝えた。教師は、授業を進める以上、子どもたちの考えをしっかりと把握しなければならない。教師が子どもの考えをつかむのは、必須の条件である。教師は、それを的確につかめるように精進しなければならない。

子どもの思考や想いが、最も表れるのは、目である。だから、教師は常に子どもたちの目を読まなければならない。その輝き、曇り、困惑、ひらめき、悩み……そうしたものをつかみ取れるようにならなければならない。言葉は、全てを語らない。心の奥にあるもの、頭の奥底に潜むものを翻訳しない。しかし、目は全てを語る。

挙手ではなく、目で訴える子ども、目で読み取れる教師を目指さなければならない。

(2) 指名について

相互指名という方法がある。教師による指名がある。

以前、私は相互指名という方法を完全に否定していた。しかし、場面によっては、相互指名を用いることに抵抗はなくなった。相互指名は、考えが広がる場面では、有効である。こうした場面では、思考は深まらず、平衡状態が保たれている。そして、いろいろな広がりを拾う場面である。概して、授業の前半に位置付けられることが多い。こうした場面では、子どもたちの相互指名を用い、教師はそれをできる限り、板書していく。そういう場面での利用は可能である。

しかし、「指名」には、意味がある。

だから、授業で、真に切り込んでいく時には、必ず、教師による指名がなされなければならない。授業を深め、角度をつけていくのには、教師による指名以外はありえない。なぜなら、授業は仕組みだからである。授業開始から終了まで、子どもたちだけで指名し続ける授業がある。そういう授業がほめたたえられることもある。しかし、それは論外である。なぜなら、そういう授業を成立させることは、本当にたやすいことだからである。授業は、教師自身が子どもと対峙しなければならない。そこに真の授業の意味があり、ここに授業を創りあげる苦労があり、喜びがある。

子どもの目を読み取り、指名を行う。「そう、あなたが今考えたことを話してごらん。」とか「あなたが、今、迷っていることは本当にすごいことだから話してごらん。」あるいは「～君も同じ考えだよね。あなたの言葉で話してごらん。」というようにである。

私は本当はこの指名についても、目で当てられるようになりたかった。目を読み取り、目で当てるクラス。しかし、いかにせん実力不足のため、指名については言葉に頼ってしまった。遺憾である。

4．教師の所作

授業において、よく発問は検討されることが多いが、1時間の授業の中で、教師は話し続けるわけではない。また、話すにしても、どこで、どういう方向を向いて話すのか。それが問われることは少ない。私は、研究授業で細案を書き、発問や板書を整理した上で、前日に必ず教室で動きを交えて実際に発問などを練習した。

「安保闘争」の授業の前日である。私は、黒板に板書した後、子どもたちの方に振り返る際、右回りに振り返るのか、左回りに振り返るのかに、ふと迷った。私は右利きなので、何も意識せずに振り返ると、右回りに振り返ることが多い。しかし、そこで二つの振り返りを試行してみると、明らかにそこに差異がある。背後に子どもを意識して振り返ると、(右利きの場合)右回りだと、子どもたち自身もふだん見慣れているから自然に受け取るが、左回りに振り返ると、そこに意図を感じるのである。言い換えれば、そこに意図を含ませるならば、普段と違う向きに振り返ればよいのである。

子ども同士を話し合わせようとするならば、教師が前面に立ちはだかる位置にいるのは愚策である。子どもたちに任せようと意図するのなら、教室の後ろに立てば良いし、子どもたちの話し合いに関わろうとするならば、サイドに立てば良い。

授業の進行をつかむためには、時計を見ることが必要になる。腕時計を見ると、子どもたちは目ざとく、それを注視するだろう。教室の前面に時計をかけておくと、振り返る所作が必要になり、後ろにかけていると、子どもを見る目線とは違う角度で後ろを見つめることになる。だから、時計をかけるなら、サイドが良い。全クラス公開授業をしていて、どこの教室を見れば良いか迷う時には、時計の位置で決めるのも一手である。(それと、教室の前面に掲示がしていない、あるいは少ないクラスが良い。)

こうしたことは、教師の動き(所作)を真剣に検討してみると、必然的に導き出される結果である。

同様に、服装なども重要である。研究授業だからと言って、必ずネクタイ着用が義務付けられているわけではない。内容によっては、セーターなどの方が題材になじむこともある。つまり、教師の服装、所作などは、授業にとって大きな課題であり、より検討されなければならないのである。

細案が完成すれば、それを必ず動作化してみること。その中で、見えてくることが必ずある。

第4章

〈良い授業とは〉

授業では「分かること」や「できること」が、真のねらいではない。本当の「良い授業」とは、そんなものではない。たとえ、何かが解決しなくても、できなくても、課題を追求することで、真実に迫る道程をたどり、その厳しさや真の喜びを得ることで、得る力こそが本物なのだ。それは、人間本来の根源的な欲求を満たす手段なのだ。

だから、そこには、人と人、つまり、子どもと授業者、子ども同士などの、真剣な対峙こそが求められることになる。授業者が、真に子どもを敬い、子どもが授業者を真っ向から対立するに値する存在であることを意識し、互いに課題に向かって、己の存在の全てをかけてぶつかりあい、生み出す過程こそ、良い授業なのだ。

教材研究においても、そうだ。教材研究は、黒板に貼る飾りを作ることではない。その時間に扱う課題の根底にあるものを徹底的に追求することこそが、教材研究である。教材を研究するのである。研究という行為は、至高を目指すとともに、根底を探る厳しい行為である。課題の表面を飾るものをはぎ、中身に触れ、そこから真実に至るものを探り出そうとする、全身全霊をかけた崇高なる行為である。そこに、真の教材研究の喜びがあり、その過程を踏んだ者だけが、授業者として、子どもと対峙する資格を持つ。

教材研究とは、そぎ落とすことである。付け加えることではない。教材を飾ることが教材研究ではない。その教材の持つ、真の意味を突き詰めていくことが、教材研究である。この教材で、子どもたちがつかむべき根本は何なのか。それを追求していくことが教材研究である。

押部谷で「三木合戦」の授業をした。教材研究に三年かかった。資料や題材はたくさん集まった。その過程も、それは楽しかった。それをならべていく作業（単元構成）も面白かった。でも、私がつかませたかった本質的なねらい、それは「自分が歴史の中に生きていること」である。だから、そぎ落とすのに三年かかった。

そんなに時間はかけられない。そうではない。そう考える人は、生涯、真の授業に行きつくことはできないだろう。どういう授業でもいい。本当にそぎ落とし、子どもと真に対峙する授業を一つしてみることだ。すると、授業の本質がつかめる。そういう体験を一度でもすれば、ほかの授業の本質も手早くつかめるようになる。

課題の本質をつかみ、本質で対峙すること。これが授業である。

子どもは、本当に優れた力を持つ。全ての子どもが秀でた力を持つ。なぜなら、子どもは、全て人間だからである。子どもたちの瞳の奥には、今までの人類の歴史が刻み込まれている。人間はさまざまな環境や課題の中で、真実を探り、前進を目指し、工夫を重ねて、進化してきた。一人ひとりの人間の中には、こうした歴史が刻み込まれている。人間は、真理に迫ろうとする根源的な力を持つ。子どもたちも、例外ではない。知識の量は少なくても、根源的な力そのものには、何の遜色もない。

授業者も、同様である。なぜなら、授業者も人間であるからだ。この両者が対峙する場面が授業に他ならない。

良い授業とは、真に価値ある課題に対し、子どもと教師が対峙することで、新たな高みへと追究する過程である。そこでは、子どもたちが真に悩み切り、教師も全存在をかけてぶつかり合う真剣勝負の場だ。課題は解決されるために存在するのではなく、課題に向かう中で真理に到達しようとする道程につながるものである。

だから、言葉すら発することができず、悩み、迷うことが授業の大半を占める。そして、こうした過程を経ることによって、子ども一人ひとりがより高い次元の思考を味わい、自分自身がかしこくなったと実感することができる。教師も子どもの思考に驚き、充実感を持つことができる。

今こそ、授業が変わらなければならない。

子どもの持つ、本当にすごい力に目覚めなければならない。

そのために、自分自身を高め、本質を求めようとする教師であらねばならない。

質の高い授業。思考の深まりのある授業。子どもの目が深く澄む授業を目指す教師であらねばならない。

第二部　児童理解

1. はじめに　――人を理解するということ――

〈脱ぎ、捨てること〉

児童理解とは、自分理解である。

子どもの心をつかむ、というのは容易なことではない。それは、相手を理解しきることではなく、相手を理解しようとする自分自身の心に浮かぶ映像をとらえることになるからである。相手を完全にとらえることは不可能である。なぜなら、それは自分自身をつかみきることが不可能だからである。相手という鏡に映る自分自身の姿をとらえようとする所作こそ、すなわち児童理解に他ならない。

自分自身でさえ、場所により、背景により、時間により、関係により、いつも移ろうものである。自分を理解するためには、まずその自分がつけている殻を脱ぎ捨てなければならない。すなわち、「自分を捨てる」ことこそ肝要である。捨てることにより、初めて自分の影に気付くことができる。自分という殻を脱ぎ、自分という眼鏡をはずし、そこに居る存在を受け入れることから、児童理解は始まる。

教師としては、学校という殻を脱ぎ、教育という眼鏡をはずし、そして何よりも教師という自分を捨てることにより、児童理解が始まる。不思議なことに「教育」という眼鏡をはずすことによって、初めて真の教育が見えてくる。先生という目で子どもを見るのではなく、見えるものを素直に受け入れ、感じることこそが、児童理解の端緒になるのである。

教師として蓄えた知識や技術を捨て、教師としての倫理観を捨て、評価という尺度を捨て、一人の人間として相対することにより、児童理解は始まる。

かつて、特別支援学校に勤務していた時のことである。教室から逃げ出しては、廊下を走り逃げ出す子どもがいた。その行動は、まさしく「問題行動」に他ならなかった。いつも、その子は、私に、そして他の教師によって連れ帰されていた。教室に戻った彼の姿を見て、私たちは安心し、そこに私たちにとっての教育が成就していた。

ある時、彼を見失った。すると、彼は角を曲がった廊下に寝そべっていた。私は、声をかけようとして、なぜかその刹那ためらいを覚えた。そして、彼の傍らに寝そべってみた。そこは、すこぶる快適な場所であった。柔らかい日差しに包まれ、心地よい風が頬をなでる場所であった。私は、彼の傍らにしばらく横たわっていた。しばらくして、彼は立ち上がり、私を誘うかのような目線を投げかけた。そして、二人で教室に戻った。

あれは、何なのだろう。「問題行動」の「問題」とは、まさしく我々教師が産み出していたものなのではなかろうか。教室という物理的な区切り、時限という時間的な区切り。「その中にいる」ということこそが、我々の言う教育ではなかったのだろうか。彼と寝そべった場所と時間、それを二人で共有したということ、そこに何らかの世界が産み出されたのではないだろうか。

教師は、学校という価値観を羽織り、教育という鎧を着る。しかし、児童理解、人間理解ということは、その対極にある。「脱ぐ」こと、「捨てること」から、児童理解は始まる。教師には「脱ぎ」「捨てる」勇気こそ、期待される。それは、自分理解の道である。


〈感じること〉


児童理解には、相手を想う心が必要であり、相手を感じ取ることが必要である。そのためには、相手のことを１００％想うことは厳禁である。40％、50％の想いが加減である。何かがあった時、心に引っかかる時には、それを60％、70％……と増やしていく。

塩梅という言葉がある。梅干を漬け込む時の、塩加減である。年により、気温、湿度、日差しが違う。それにより、塩加減を変えるという。名言である。児童理解も同じである。定量ではなく、相手により、そして、自分自身の調子により、相手を想う心の割合を変えていく必要がある。そのためには、いつも全力ではいけない。

想い続けるのではなく、何かをしている時に、ふと浮かぶ想い。これは、多くの場合、正しい想いになる。私は、かつて学校の畑の世話をし、草を抜き、水やりしている中で、ふと子どもの顔が浮かぶことがあった。教室ではさして気にならなかったのに、何かしらその子のことが頭をよぎる。これは、ほとんどの場合、正解であった。交友関係であったり、家族関係であったり、何かしら心にトラブルが起きているのであった。

私たちの目は、普段、実に多くのものを見ているのである。しかし、ほとんどの場合、それは、単なる映像として処理され、そこに意味付ける時間も余裕もない。学校教員としての仕事や事務に、目が酷使され、眼前にある文書に費やされる。本当に大切な子どもの心を映し出した映像に気をとめることが不可能になってしまうのである。

だからこそ、無心になる時間と余裕が、教師には求められる。教師の目は、一日の中でさまざまなものやドラマを見ている。それに意味付けしていくことこそが肝要である。

意味付けていくためには、教師自身に柔らかさが求められる。

田植え前、土を柔らかくするために、田の土は何度も耕される。我々の心は、充分に耕されているだろうか。豊かな柔らかさを持っているだろうか。硬い土、固い心では、感じることはできない。

美しいものを美しいと感じ、感動できるだろうか。うれしい時、哀しい時、泣くことができるだろうか。真に怒りを覚えることができるだろうか……。

点検してみなくてはならない。

2. 十か条

私が、かつて勤めた学校での心覚えである。

当時、学校が荒れ、子どもたちは暴力に、そして暴言を用い、教師たちに反抗の刃を向けていた。校長は、子どもに守らせるべき「十か条」を書き出し廊下に掲示した。「殴るな、蹴るな、つばをはくな……」という類のものであり、それに違反したら、容赦なく子どもたちを指導しろ、というものであった。

私は、その掲示に違和感を覚えた。勿論、学校という社会の中で暮らすルールはある。しかし、それにあえて逆らうことに対し、その行為よりも根底を探るべきではないかと思えたのである。

そして、私は私なりの「十か条」を作った。

〈十か条〉

一、子どもの叫びの裏に、哀しみが読み取れる教師でありたい。
二、沈黙の裏に張り裂ける想いを、笑顔の隅によぎる苦痛を見逃さない教師でありたい。

三、群れる子どもの一人ひとりのさみしさに寄り添える教師でありたい。
四、子どもが肩に背負う重さを感じ取れる教師でありたい。
五、自分を越えていく子どもの育ちの姿を、自分自身の糧にできる教師でありたい。
六、子どもに素直に頭を下げることができる教師でありたい。
七、怒号の中に、ふれあいのあたたかさをかみしめることができる教師でありたい。
八、子どものことに泣ける教師でありたい。
九、期待にそむかれたことを、新たなスタートと感じることができる強さを持つ教師でありたい。
十、自分の弱さと同じものを子どもの中に見つけられる教師でありたい。

全てをあるがままに受け入れ、そこに良い芽を見つけることができれば……。
キャパテイシーを広く持ち、その中でふと良さを認めること。
そして、それを子どもたちに伝えること。
「たいがいのことは、やりよる」と思える心のよゆう……。

3. 聴く ――根を探りながら、聴く――

子どもの話を聞く。保護者の話を聞く。人の話を聞く。

よく、メモを取りながら聞き、あとですり合わせるべきだ、ということを指導されることがある。事実を確認し、その事象の全体像を確認するためには、こうした手法も当然である。

しかし、多くの場合、私はこういう方法をとらない。

私は話を聞く時に、話す相手の「根」を探りながら聞く。事実そのものよりも、その事実の裏にある想いに触れようと考えて、話を聞く。一心に聞く。

ああ、この人はこの事実を通して、こういうことが分かって欲しいんだな、ということを、自分自身の心の中で考え考え、話を聞く。

あの人が、こういうことを言った、という非難がある。一見、それを言った人を指導してほしい、と聞こえる。しかし、違う。それを言われた時の、私を分かって欲しいのである。だから、聞く。その人の想いで、自分の心の中が染まるように聞く。「共感」し、「共鳴」できるように聞く。

聞くことは、行うことではない。

ある保護者から、連絡があった。「家の娘がいじめられている。」家に行った。両親がそろっていて、当日あったことを厳しい口調で話した。話は当日に留まらず、数年前のことまでさかのぼり、学校や担任への批判も交じっていった。私はひたすら聞いた。父親は、該当する子の謝罪（相手の保護者も交えて）を要求した。私は、事実そのものよりも、その保護者の想いはどこにあるのだろうと考え続けながら、聞いた。

さすがに疲れたのか、父親の口調がトーンダウンした。私は、口を開いた。「少し、話してもいいですか。」私は続けた。「失礼ですが、お宅の娘さんはわがままだと思います。」父親がポカンとした。「お父さんも、それは分かっているでしょう。でもね、今日、こんなことがあったのです。」そして、私はクラスのある子どもがその子のことを「優しい」と言っていた事実を告げた。父親はぽかんとし続けていた。「お父さん、娘さんにはわがままなところがあります。でもね、こんなに優しいよ、と見つけてくれている子どもがいるんです。私は、悪い点を指摘しても、なかなか人間は変わらない、と考えています。でも、いいところを見つけていけば、いつの日か、その良いところが悪いところを凌駕していくように思うのです。」そう言って、私はその家を出た。

翌日、母親が来校した。「先生、家の主人が人の話を聞く姿は、初めて見ました。先生が帰った後、主人が言うんです。やっぱり、学校の先生は偉いなあ、って。」私は、父親の話を聞きながら、昨日、父親はいろいろな事実を挙げて詰問していたが、父親の想いはそこではなく、「違うんだ。うちの娘は本当は優しいんだ。やっていることではなく、その根底を見てくれ。」

という叫びに聞こえていたのである。

根を探りながら、聞く。

話を聞く時には、この姿勢が重要である。

〈聴く〉――「哀」という字を当てはめて聴く。――

話を聴く時に、私は「哀」という字を当てはめて聴く。

それは、安い共感や、ましてや同情ではない。

人に話を聞いてもらいたい時、何かを話さずにはおれない時、そういう衝動に駆られる時……その度合いは、人によりさまざまである。

しかし、その人の想い、痛み、苦しみ……。

そこに、自分自身も置かなければならない。それでないと、理解に近づくことはできない。時には、自分自身との価値観の隔たりを感じることもある。

そんな時、私は「哀」という字を思い浮かべながら、聴く。

つらいんだね。

そう思いながら、聴く。

つらさの原因は、時により解決不可能なことがある。いや、多くの場合、解決することができないことがほとんどである。

だから、そのつらさ、痛み、苦しみの、根源にたどり着こうと、心を傾けて聴く。

やがて、相手のつらさが、自分の痛みとして感じられる時が来る。

そういう時、自分の中にも「哀」という情が浮かび上がっている。相手の「情」と自分自身の「情」が重なる部分に、「哀」がある。

話の中で、相手がうそをつくことがある。状況から考えて、筋から考えて、どうしてもつじつまがあわないこと。しかし、相手は思わず、うそに逃げ込まなければならなかったのではないだろうか……そのつらさ。そういう時は、うなずく。おそらく自分自身がうそをつき、相手もうそであることを理解し、それを呑み込んでいる。だから、そのうその裏にある想いを汲み取って欲しい。そういう時に「哀」は活きる。

「哀」は相手を蔑むことではない。

「哀」は、相手と同じ場所に、自分を導く言葉である。

私は、「哀」という字を当てはめて、話を聴く。

4. 荒れ

荒れの素因は、どの子どもにもある。自分自身の中にもある。

荒れる子どもは、いや、子どもたちは、正直なのかもしれない。

しかし、「荒れる」と「荒れない」の境界には、果たして、そこに何かがある。子ども一人では、荒れにはならない。反抗になる。荒れるには、そこに複数の子どもたちがいる。その子どもたちを貫く要因がある。個々により、その素は異なるが、子どもたちなりの思いの重なりがある。それが、荒れの要因になる。

かつて同僚と話していた時、荒れということは、やはり何と言っても子どもが悪いのである、という話が出た。子どもとは言え、そこに結果責任が生ずることは、必ずしも否定はできない。しかし、そうではない。

子どもたちの荒れを眼前にして、その子どもたちに、「彼ら」と名付けてはいないだろうか。勿論、群れているのである。問題を、集団で起こしているのである。集団の中には、ボスがおり、それぞれの役割も決まっており、まさしく一つの集団社会として、秩序に立ち向かってくる。そのため、教師たちも集団として立ち向かう。

しかし、元をただせば、一人ひとりの思いなのである。一人ひとりの思い・不満・苦しみ……その中で、何か共通するものを見つけた者同士が集まってきたのである。社会の組織のように、まず役職があり、そこに個々の人物を当てはめてできた集団ではない。集団であり、同時に、個なのだ。その個の想いに寄り添えているだろうか。

「規範」という言葉が、よく用いられる。「荒れ」は、その規範を破ることで成立する。規範を破ることが、無法であることを承知して、行動を起こす。無法であることを承知せずに行う荒れは、存在しない。なぜなら、規範を破ること、荒れることは、想いの表現であるからだ。とするならば、教師が行うことは、その想いを汲み取ることではないだろうか。汲み取ることは、その想いを肯定することではない。そこにその想いが存在するということを認識することである。反社会的であれ、非社会的であれ、そこにその子どもの想いがあることに気付くことである。そこに、その子どもがいるということを認めることである。何らかの問題を起こす中で、その問題よりも、むしろその子どもを駆り立てる想いに、苦しみに耳を傾けるべきである。その子どもの、人間としての尊厳に気付くべきである。

荒れは、どこでも、いつでも起こり得ることである。一人ひとりの想いが、自分自身という壁の中で消化され、外にまで波及しない限り、現象としての「荒れ」は起こらない。

しかし、「荒れ」の内面的なうねりは、常に存在しているのである。それが、何らかの契機で外にまで表れてきた時、それは「荒れ」として顕在化する。とすれば、教師が耳を傾けるべきなのは、内面であるはずである。

5．同行 ――共に、居る、こと――

自分の想いが押さえきれずに、物に、人にあたってしまう子どもに遭遇した時のことである。その行為自体は止めなければならない。それは、他人を傷つけるばかりではなく、自分自身も傷つけることになるからである。そして、相手と私の場を見つける。

私は、まず、言葉を捨てる。息を聴く。じーっと、息を聴く。動きを抑える。私自身も、そして相手の動きもである。そして、息を聴く。息を合わせてゆく。時間を捨てる。やがて、二人の息がゆるやかにそろうまで、時間を捨てる。

伊藤隆二という人がいる。かつて、「自己実現」という言葉で、「よく生きる」ことを説いた人である。後年、その伊藤が「同行教育」という言葉を口にするようになった。

同行……文字通り、「二人で、共に行く」ことである。

二人、ということは、換言すれば、一人ではない、ということに尽きる。

悩む人がいれば、苦しむ人がいれば、その悩みを、苦しみを解決するのではなく、その悩み、苦しみをかかえたまま、ともに行きましょうということである。

教師は、教育という範疇は、やがては自分自身の手で問題を解決する力を持つことを目的の一つにはするのだが、その人自身になりかわって問題を解決することではないし、その術は持たない。

悩み、苦しむ子どもにとって、一緒に進みましょう、ということなのである。

言葉は、無用である。

原因を探ることも、無用である。

息を合わせ、その中で、相手の中に、別な存在に気付かせることである。

その存在が、悩む自分自身に寄り添うように居る、ということに気付かせることである。

解決は、しない。

何も事態は、変わらない。

しかし、何かが変わる。

息が整い、そろい始めた時には、何かが変わる。

悩みや苦しみに、自分で向き合う、そう思えたのかもしれない。

なぜなら、一人ではない、ということに、気付いたのだから……

6．受け入れるということ ――東井義雄のこと――

豊岡市の小さな図書館の一角に「東井義雄コーナー」がある。そこには、生前、東井が使っていた書斎が再現されている。

東井義雄の言葉である。

「良いところも、悪いところも、どちらも受け止めてこそ、その子どもを認めたことになる。」

この言葉の、何と的確なことか。そして、この言葉の何と困難なことか。

受容……

よく用いられる言葉である。

児童理解において、いや、人間理解において、根底になる言葉である。

このことなしに、理解はありえない。

しかし、実現は困難である。

なぜなら、それは受容する側の容量が試されることになるからである。

全てを受け入れるだけで良いのか……という批判もある。

しかし、それは本当に受容したことのない人の言葉である。

受容することは、己が試されることになる。しかし、試されることにより、自分自身の器は必ず広がり、人を見る視野も広がる。新しい自分自身の気付きにもなる。

相手を受容することは、それを受容しうる自分自身を受け入れることになる。

だから、必ず、この経験は他の場合にも生きる。

受容をためらうことは、人を理解する戸口に立つことを否定することである。

相手に対し、これまでの自分自身の人生を尺度にするのではなく、これからの自分自身の人生の尺度を産み出そうとすることが肝要である。今までの経験では、とても理解しがたいこと、許せないこと。しかし、それは自分自身の経験の浅さであり、人を理解するためには、無用のものである。

人が生きるということ。

相手が生きているということ。

そのこと自体を、まず根底に置くことである。どういう人生であろうと、どういう考え方であろうと、まず認める。

そこに、この一年を共に生きていく、あるいは、同じ時間を生きる自分を重ね合わしてゆく。

受容は、一方的な行為ではない。受容する者、される者が、融合し、新たなものを産み出すための行為である。

人は認められて、初めて自分を表す。人に対し、自分を表すことによって、自分を理解する。

そして、判断する。

そして、創り始める。

人は良い部分だけでは生きていない。

同時に、悪い部分だけでも生きていけない。

どちらも、あるいは、いろいろな部分が合わさって生きてゆけるのだ。

教育という価値観で見るのではなく、受容し、共感することで生まれてくるものが、教育の価値観なのだ。

受容すること
受け入れること……

ここから、教育は始まる。

7．愛するということ

「愛」という言葉を、教室で口にすることができるだろうか。

愛ということは、誉めることではない。大切にすることでもない。想うことでもない。触れることでもない。導くことでも、指し示すことでもない。

共にいて、時によっては共にいずとも、相手を感じ、そこにあたたかさを感じる全ての所作・想い・感じ・うねり……そういうもの全てを包み込むものこそが、愛なのである。

一人の子どものことを想う。

これは、愛ではない。

その想いが相手に、自分自身に、そして周りのあらゆるものに、あたたかさを広げてゆくようなものをこそ、愛なのである。

個に始まり、あまねく広がり、普遍になる。

それが、愛である。

私は、よく学級だよりを書いた。

私の学級だよりの名前は決まっている。「手紙」である。私の想いを、子どもに、保護者に、そして関わりのある全ての人に届けるのであるから、手紙である。想いがたまれば、書く。たまらねば、書かない。自分の胸の中に、あふれる想いがたまり、それが実感できた時に書く。日に何度か出す時もあれば、何カ月も出さないこともある。

書き始める時は、一人の子どもに対する想いから始まることが多い。ある子どものさりげない行為、その奥に潜むその子どもの想い、輝き、それにうたれた自分の想い・幸福・感謝……いかにそのことであたたかい想いを、時間を味わうことができたか、それを綴る。自分自身の想いを、書く。

やがて、その矛先は、一人の子どもからあふれ出す。書いている言葉が、その子どもを包む周りの子どもにも届くものに広がる……この広がるという感覚こそが、愛につながる。そして、書きながら至福の想いに浸る。そして、書く。やがて、その言葉は、教室からもあふれ、誰にも通ずるもの、普遍のものにたどり着く。

これが、愛である。

「愛は与えることで減らない、与えることで増える」

かつて、夜回り先生で知られた、水谷修の言葉である。

一人のことを想うことが、普遍につながる想い……これが愛である。

8．叱るということ

荒れている子どもたちを担任した時の記録である。

一緒にクラスの副担任をしていた若い女の先生が泣いていました。「どうしたの？」と聞くと、その人は涙を流しながら、「あの子（ボスのような存在）に言われたんです。先生は、ぼくのことを本気で怒れないだろう。」と言われたのだそうです。彼女は続けました。

「そうです。私は、口では怒れる（怒ったふりをする）けど、本当には、その子のことが怒れないんです。」

「叱ること」と「本当に叱ること」は違います。

親が子どもを叱ることは、本当です。なぜなら、その子どもの人生に関わっていくからです。親も必死です。

教師はどうでしょう。一年間の付き合いです。そこを過ぎれば良いのです。だから、教師として叱ります。人間として、人として、叱っているだろうか……

叱ることは、大声をあげることではない。相手を脅かすことでもない。もちろん、暴力でもない。

それは、相手に訴えることなんです。自分の想いを相手に必死に届かせようとする行為なんです。すると、その声は届きます。なぜなら、人間の叫びだからです。

子どもを本当に叱ることができますか。

自分の声が、必ず、相手に届くことに自信を持っていますか。

その後、その女の先生はその男の子のことを叱ることができました。教師として、いいえ、一人の女性として、人間としての想いを、その子にぶつけたからです。

その瞬間、その女の先生は、本当の教師になりました。


叱るということは、自分の心の底にあるものを相手に伝える術である。

教師という殻がなさせる所作では、相手の心に響かない。伝える側に何かの打算がある限り、それは本当に叱るということにはなりえない。

9. 豊かであるということ

〈何もしない時間〉

学校という空間は、「何かをすること」で埋め尽くされている。

教育計画があり、教育実践があり、教育評価があり……。

私は、時々、中庭のような場所に子どもたちを連れて行き、そこで「何もしない時間」を過ごした。

何もしない時間……。

文字通り、何もしないのである。

子どもたちは、始めは戸惑う。友だち同士で集まり、そこここに座り、話のうずがわく。しかし、私自身、何もしないと言った手前、指示することもしない。ざわめきが続く。やがて、そのざわめきが静まり始める。個々の子どもたちが、何もしない中で、何かを見つけ始めるからだ。鳥の声が聞こえ、羽ばたきが聞こえ、その羽ばたきに伴う砂煙を見つめる。日頃、当然聞こえているはずで、聞いていないものを聴く。

静けさを聴く。そうして、じっと耳を澄ます。

何かを見つめている。凝視するのではなく、何もないものを見る。日常の中では見ないものを見る。自分がどれだけいろいろなものを見、どれだけいろいろなものを見ていないかを見る。

見えないものを見る。

そうして、一人、また一人と、何もしない時間に浸り、静かに時を過ごす。

静けさは、伝わる。

話していた子どもたちが、周りの静かさを聴く。そして、自分自身も静けさを聴く。寄り添っていた子どもたちが、一人ひとり距離をとる。

そして、時間は止まり、過ぎてゆく。

私も、そこで静けさの時間を共有する。

時がゆっくりと流れ、聞こえていないもの、見えていないものを、聞き、見る。

やがて、聞いていること、見ていることすら、忘れるような感覚に陥る。

日常の中に埋もれ、埋没している、何かに気付く。

それが、「何もしない時間」である。

「何もしない時間」の終了を告げると、子どもたちは一様に夢から覚めたような表情を見せる。そして、何か豊かな表情を持つ。

何か……。

それは、追求しない。それが、何もしない時間の成果なのだから。


何かを追い求めることで、見えなくなっているものがある。

何かを聞こうとし、見ようとすることで、聞こえず、見えなくなっているものがある。

求めることで、捨てているものがある。

学校は、子どもたちを追いつめる場所ではない。子どもたちを豊かに育てる場所である。

何かをさせることが、何かができるようにすることが、目標ではない。

一人ひとりを、豊かに育てる場所である。

〈静かさということ〉

「静かにしなさい」と言うと、子どもは一時静かになる。しかし、また騒ぎ始める。

少し大きな声で「静かにしなさい」と言うと、また一時静まる。そして、また騒ぐ。

より大きな声で「静かにしなさい」と言うと、また一時静まる。そして……。

「小さな声で指示するのよ。そしたら子どもは聞くから。」先輩が、何度も言う。

日常、学校で繰り返される情景である。

なぜ、静まらないのか……。

簡単である。

子どもたち自身が、静かさを豊かなものだと感じていないからである。

子どもたちを、畑の草抜きに連れて行く。

何も指示はしない。

子どもたちは話しながら、草を抜く。

抜かれた草には、根はついていない。葉っぱの途中でちぎれたものばかりである。子どもたちの手も汚れることはない。ざわめきの中に、痛々しげな草の残骸が積まれる。

時間が経つ。

草に土がつき始める。ごっそりと土をまとった根が転がり始める。子どもたちの手が、体中がどろにまみれる。汗だらけの姿になる。

話し声が消える。静けさが、まわりを包み込む。

時間が、ゆったりと流れる。

子どもたちは、草を抜く。

雲がゆったりと流れてゆく。

周囲が、自然の時を取り戻す。

子どもたちは、その時間の中にとけ込んでゆく。

言葉は、音は、いらない。

静かさが豊かなものであることを、子どもたちはつかみ取る。

時間が過ぎる。

草抜きからの帰り道。ある女の子が言った。

「先生、土って、あったかいんだね。」


豊かなものは、私たちの周囲に確かにある。しかし、私たち教師の目は、時によるとその対極を見ている。

何かをさせることで、何かを追いたてることで、子どもたちを追いつめてゆく。

それは、教師自身が追い立てられているからではないだろうか。

本来あるものに、耳を澄まし、身を委ねてみること……。

10. より大きなものに気付くということ

日々、いろいろなことに追われる現状である。眼前に起こるさまざまなことに対処していかなければならない。思いや考えは、明日のために、あるいは次の瞬間のために費やされる。その積み重ねが、教師自身の思考回路を作り出してゆく。

社会の要請もある。成果を客観的に表示することが求められ、それに対応すべく数値にとらわれる日々に陥る。人間を数字に換算するのだ。人間の行いを想いを、考えを、数値に置き換えるのだ。それが、教育という営みにすり変わろうとしている。

一日を終え、ふと、夜空を見上げる。

そこには、星が輝き、星座を形作る。月の光が、これだけ明るいものだという驚きを手にする。遥かなる星までの距離、地面に立ち、そのあまりにも大きな距離に思い至る。

夜風が吹く。その、心地よさ。気付けば、足元に虫の声がする。

かつて、放課後の農園の世話をしつつ、一人ひとりの子どものことを思いやった、あの時がよみがえる。土に触れながら、人を思い遣ると、なぜかそれは届く。そういうことを不思議に感じつつも、どこか納得していた日々……。

自然と対話し、自然と同化する中で、人間もまた自然の一部なのだという感覚……。

ひとりの存在は一部でありながら、決して小さいものではなく、ひとりの人間という存在が、自然全ての総体と同等であると思える実感。

日常の中で、何かを見失っていることはないだろうか。

教育という営みは、崇高なものである。

日々、眼前に追われ、せきたてられる中で、本当に大切なものを見失っていないだろうか……。


より大きなものの存在に気付くこと……。

これは、今の教育の中で、人間を理解する中で、何よりも必要なことではないだろうか。

第三部　実　践

1. モルダウ

〈始まり〉


4月1日。

担任発表があり、私は3年連続の持ち上がりで、6年1組担任になった。

その日の夜、旅行社に寄り、チェコ行きのチケットを予約した。


モルダウ……


私が、6年生を次に担任したら、音楽会で必ず挑戦したいと、心に秘めていた曲だった。プラハに行き、そこの空気を吸い、歩き、感じ、その水の冷たさに触れようと思った。それを子どもたちに伝え、自分自身の心の震えを子どもたちに伝え、そこにわきあがるドラマにとび込もう、そう、思った。

翌日、音楽専科にチケットを見せた。

彼女はうなずいた。

モルダウの始まりだった……

暑い夏の夜だった。空港からのタクシーが、プラハの街に静かに入った。道は暗く、どこにでもあるような街並みが続いた。やがて、道は下り始めた。

突然視界が広がり、そこに光の宇宙が広がった。街は紅黄色の光に照らし出された。現を目にしているのか、幻を目にしているのかを疑った。どの建物も地面から照らされる光に、幻想的な姿を映し出していた。一際、異彩をはなち、天にまでそびえたつような「城」のシルエットがくっきりとそびえた。全てが光であり、全てが幻だった。そして、その現と幻をつなぐかの如く、カレル橋が居り、モルダウが流れた。

モルダウのほとりに「スメタナ記念館」があり、そのテラスで、チェコビールを飲んだ。モルダウを渡る風に吹かれて飲むビールは格別だった。カレル橋の向こうに城がそびえていた。チェコに来るまでは、眼前の城と、かつて読んだカフカの「城」はつながらなかった。

城がそびえ、カレル橋が居り、モルダウが流れる……

スメタナホールで、モルダウを聞いた。プラハ交響楽団の演奏に、11月の音楽会を想い、知らずに鳥肌が立った。

「モルダウ」は、すぐ手の届くところに見えた。

〈夏が終わり〉


2学期が始まった。

音楽会は、11月1日。

集中することは、一度に一つだけ……。そう決めており、まずは眼前に迫る運動会のみに力を注いだ。とは言え、今年の6年生は運動会の表現種目で、組体操に取り組み、それに重ねてソーランにも取り組んだ。子どもたちは、その難関を当然の如く受け入れ、そして素晴らしい演技を創り上げた。

運動会の終わりが、音楽会の始まりだった。


「モルダウ」のCDを聴いた。DVDを見た。

指揮者により、曲の表情が変わる。ベルリンフィルのカラヤン指揮のモルダウにはまっていた頃、「モルダウなら、クーベリックだ。」と仲間が教えてくれた。「プラハの春コンサート」のクーベリックを聴いた。チェコの歴史を背負うクーベリックの指揮は柔らかだった。音の美しさはカラヤンだが、モルダウの、プラハの、あの空気はクーベリックだった。

「プラハの春」を読んだ。チェコの歴史、戦車の足音、革命の響き……夏にプラハで見たあの場所が、あの革命のあの場所だったのだ。そういうことを子どもにも話した。プラハがどこまで美しく、モルダウがどれほど豊かで、カレル橋がどれだけ古く、城がカフカの小説の如く迷う物であるかを、話した。

練習中、子どもたちに話しかけると、「ああ、先生。ここはクーベリックのような感じにするんだね。」と答えた。

「曲の始まりはね、モルダウの水源ではなく、宇宙の果てからね、細く響いてくるような、そんな始まり……それがだんだん近づいてきてね。そして、そーとした、本当の静けさのように始まる。だから、私は宇宙の果てに耳を澄ましながら、そのか細い響きを感じ取りながら、始めていきたい。」

モルダウを絵に描いた。勿論、モルダウは、「わが祖国より」の第2楽章である。でも、全ての楽章を絵に描き、廊下に貼り出した。ニンフたちの姿、高い城……第2楽章にも組み込まれるモチーフを子どもたちは感じ取っていった。

指揮を練習した。

モルダウは、子どもたちの演奏で10分以上かかる。指揮棒を持つべきか、迷った。何度も繰り返し、柔らかさを重視するために、指揮棒は持たずに指揮台に立つことにした。

宇宙の果てに耳を澄まし、曲を始める。練習を重ねる中で、発見することがあった。なぜ、ここは音を鎮めるのか、いくつかある「ff」の中の違いは、どう表現するのか。カラヤンはどう解釈し、クーベリックはどう表現しているのか。ＤＶＤを見ては考え、練習しては表現を変えていった。

子どもたちが何度練習しても上手くいかない部分があった。何度も何度も聴き込み、何度も何度も繰り返し表現する中で、突然、ひらめいた。数学だ。なぜ、ここでその回数、繰り返す必要があるのか。それは、数学だったのである。あやふやに聴き、うろ覚えで弾いているだけでは、決してたどりつかない。そこには、その回数にする必然性があったのだ。まさに数学である。その瞬間、スメタナに出会えたように感じた。翌日、子どもたちに、黒板に書いて数字で説明した。子どもたちは、一度に理解した。

〈不可能……〉

モルダウは、長く、難しい。

一部の楽器については、夏休み前から、個人的に練習しているものの、本当に難しい。音楽会まで、後、一週間に迫った時、学校公開デーがあった。保護者の方々に、いつでも自由に学校の中を参観してもらう日である。音楽会も迫っていたので、講堂での音楽会の練習の様子も参観の対象になった。多くの保護者が、期待を持って参観に来ていた。しかし、曲は半分も進まず、途中で消えてしまった。各楽器の演奏が完成しておらず、他の楽器と合わせることは、不可能な状態だったのである。

私自身も、不安にかられた表情をしていたことだろう。ある保護者が近づいて来て、「先生、本当に大丈夫なんですか。」とたずねられた。その語調が責めるのではなく、本当に思いやりのこもった口調だっただけに、余計に心の底に応えた。通らないかもしれない、不可能かもしれない……そういう想いが、正直、頭をよぎった。

かつて、この曲に挑戦することを決めた時、音楽専科が言った。「神戸で、この曲に挑戦する様な人は、他に誰もいませんよ。」そうだろう……モルダウが厚い壁に見えた時、その言葉がよみがえった。でも、違った。人づてに、この曲に挑戦している学校が、他にもあるということを聴いた。しかし、同時にその学校でも難航し、別な曲への変更も考慮しているという情報が伝わってきた。

やはり、６年生にモルダウは無理なのか……プラハでは、あれだけ目の前に見えた曲が果てしなく遠い存在になった。

〈挑戦〉

目標は、決まっている。

やるべきことは、分かっている。

ただ、時間が、技術が、〆切が……

焦りは、不安を呼ぶ。不安は、表情をこわばらせる。固い表情は、進行を妨げる。

私にできること。それは、毎日の指揮の練習である。毎日、3時間は練習し、土日は、6～7時間、指揮を練習した。

動くこと。身体を動かしつつ、考えること。その中で、見えてくることがある。つかみとれることがある。不安は、ある。しかし、やらなければならない。では、やる。結果は、受け止める。今できること。やり続けること。できる範囲の、最高の努力をすること……だんだんと、考えがまとまってきた。簡単なことである。できる限りのことをやり、その結果を受け止める。

始業前の朝の時間、休み時間、放課後の時間……とれるだけの時間を確保していった。子どもたちは、それについてきた。朝は、いつも始業の30分前には、ほぼ全員がそろっていた。強制はしない。放課後も多くの子どもたちが参加した。しかし、下校時刻は守った。不安のある子どもは、毎日木琴を抱えて下校し、登校した。

だんだんと、他の楽器の音が聞こえるようになってきた。どこが難しく、課題であるかが、明確になってきた。そこを、子どもたちと話した。子どもたちの方からも、指揮者に対して注文が出るようになってきた。お互いの楽器同士で、話し合うようになってきた。個人練習の時間に、お互いに教えあったり、専科の先生にたずねたりする回数が増えてきた。講堂以外の教室に、楽器毎に集まるようになってきた。

児童音楽会は、木曜日。音楽会は、土曜日だった。

児童音楽会の前日。最後の通し練習だった。ついに、最後まで通った。初めてだった。しかし、余裕を持って……というのではなく、たどり着いた、という感じだった。児童音楽会の朝も練習することになり、課題の残る場面だけを取り上げて練習した。

児童音楽会……

不思議だった。朝まで、あれだけ課題が残る場面があったのに、何事もないかのように、当然のように曲は流れていった。

完成だった。

あれだけ、苦心した曲がついに完成した。

私は、何という子どもたちだろうかと思った。

完成。本当に、完成した。

しかし、これは奇跡の始まりだった。

〈奇跡〉

児童音楽会は、午前中に終わった。

どの学年も、今日の自分たちの演奏に対する感想や、他学年の感想を午後に書いて、下校するのが常だった。

しかし、振り返ってみると、何箇所か気になる点があった。子どもたちにたずねてみると、午後にその部分を練習したいという声が返ってきた。音楽専科に伝えると、さらに練習する部分が増えた。そして、結局、午後にまた2時間練習を重ねた。

最後に通した時、児童音楽会の演奏とは比肩できないものになった。自信は、次の高みを与える。完成は、更なる頂を用意するものである。子どもたちの目は本当に澄み、その場が、その時間が、豊かで宝物のように輝いていた。

翌日、音楽会の前日、最後の練習を終えた。私と子どもたちは、時間の終わりに、本当にお世話になった音楽専科に、全員でお礼を言った。それを聞いた音楽専科は、きょとんとしていた。「あなた方、何を言っているの。明日の朝も、練習でしょう。」

こうして、音楽会当日の朝も、朝練習をした。

空気を、読む。

指揮台に上がるための、第一歩を踏み出す前に、私は目を閉じる。そして、懸命に、無心に、その空気を読む。会場のざわめき、静まり……その中で、第一歩を踏み出す、その時を告げる呼吸があるのだ。その呼吸をつかまなければならない。

子どもたちは、それぞれの場所に着いている。各自の楽器の音を僅かに鳴らし、それぞれの音の確認も済ませている。それは、見ない。見ずとも、子どもたち一人ひとりの呼吸は伝わってきているからだ。強く固まってもいない。怯えてもいない。自然に、その時を受け入れるがごとく、一人ひとり毅然と立っている。その息は聞こえる。

後は、会場の呼吸と、子どもたちの呼吸、そして、私自身の想いと、それらを全て包むものの、その出会いを聴きとることだ。小さな子どもの叫びが聞こえ、呼吸が整わない。しかし、焦りはしない。必ずや、私を押し出す、その時が来る。叫びが収まり、ほんのわずかな静寂ののちに、その時は来た。私は、指揮台に歩を進めた。

指揮台に立ち、子どもたちの顔を一人ひとり見た。どの子も、柔らかく、豊かだった。

私は、目をつぶり、宇宙の果てのほんのわずかな響きに耳を澄ませた。

小さく、小さく、始まった。しかし、それは、豊かで、美しかった。

モルダウの主旋律が重なる。打楽器が、誇り高く響く。

木琴だけのパートがある。そこの指揮は、解き放つことだ。自由に、あなた方自身を奏でなさい。

リコーダーのパートがある。指揮をしながら、私自身もその美しい調べに酔う。

再び、主旋律へ……。

…………

終わった。

何という子どもたちだろう……

これだけの時間を、瞬間を、持てることがあるのだろうか。

私は、指揮台の上で、子どもたちに素直に頭を下げ、拍手をした。

そして、指揮台を降り、観客席を振り向いた。

……………

そこに待っていたのは、会場全体のスタンディングオベーションだった。

手紙

〜モルダウに想う

ブルタヴァを渡る風は、湿気を帯び、暑く、そして柔らかかった。

カレル橋を背景に、私はプラハ城を、スメタナ像を、モルダウを、どの角度から眺めれば、心に一番焼き付くのかをさがしていた。

スメタナホールで「モルダウ」を聞いた時、私は、鳥肌が立つことを覚えた。

最後の音が響いた時、遠い11月の音楽会の指揮台が、目に浮かんだ。そして、必ずや、この曲を、この「モルダウ」を、あなた方と歌い上げることを、心に強く誓った。

11月1日……。

私の目の前で、奇跡は起きた。

静寂の世界から、密かに響く音色……。
人々のモルダウへの呼びかけ、祈り……。
豊かな恵みに対する喜び……。
ブルタヴァの川面に起きる幻想……。
人々の熱い想い……。
高き誇り……。

その全てを、あなた方は歌い上げた。
心の奥に響き渡るように、熱い血をたぎらせるように、魂をゆさぶるように、

こんな子どもたちは、いるのだろうか……。
そして、あなた方は、それが、奇跡が、あたかも当然の如く、すっくりとそこに立っていた

……。
当たり前であり、当たり前でないことが、そこにあった。
私の目の前で、奇跡が起きた。

楽譜にたくさんのことを書き込んだ。


万感の想いを込めること……。

目を閉じて宇宙を感じること、目を閉じて終わること……。

全てに感謝すること……。


その全てを、いいえ、その全てを超えることが、私の目の前で起きた。


モルダウをして、よかった……。

モルダウを、あなた方と取り組んでよかった……。

いろいろな想いが、本当に積もる想いが、私の心によぎり、そして一瞬のうちに、私を通り過ぎて行った。

全ての力が、体からぬけていった。


すばらしかった……。

モルダウが、どれだけ短く感じたことか……。

それは、きっと、あなた方も同じでしょう……。

楽しかった……。
Ｃｏｄａに入ってからは、私は指揮台の上で歌っていた。
成功したいとか、上手にとかいう想いは消えていた。
ただ、無性に楽しかった。
それは、きっと、あなた方も同じでしょう……。

帰りの車の中で、「モルダウ」を聞いた。
その時も、涙が出た……。
音楽会が終わり、何日も経っているのに、頭の中に「モルダウ」が響く……。
そのたびに、まだ、涙が出る……。

奇跡は起きる。
熱い想いを持ち、全てを信じる者の前には、必ず奇跡は起きる。
モルダウ……、本当に最高の演奏でした。

2. 何もしない時間

〈なぜ、草を抜くのか〉

昨日は、どのクラスも本当にご苦労様でした。きっと、くたくたに疲れただろうと思います。つめの中まで、真っ黒になりながら、本当にきれいな畑になりました。きっと、どの学年も気持ち良くサツマイモを植えることができるだろうと思います。

きのう、あるクラスからこんなことを聞いたのです。そのクラスはね、先週も少し草抜きに行ってくれたんです。それが、土、日をはさんで、3，4日ぶりに畑に行ってみると、もう草がいっぱいはえていたんだって。その人たちは、植物の生命力のすごさに驚いていました。

ただね、考えてみてほしいのです。みんながかんばった草抜きというのは、あまり長持ちしないことかもしれない。またすぐに、同じことをしなければいけないかもしれない。もし、そうだとしたら、みなさん、どうですか。もう、あんなにしんどいことはいやですか。草はすぐにはえてきます。

ある人に聞きました。サツマイモは丈夫だから、草なんか抜かなくても、へっちゃらだそうです。そうだろうと思います。でも、ちがうと思います。

分かるだろうか。

それは、こういうことなんです。サツマイモや野菜に対する思いやりです。

草を抜いていると、当然、そこに植えている野菜に目がいきます。元気かい、と声をかけてあげたくもなってきます。この声を聞いて野菜は大きく育つのだろうと思います。毎日、畑に行っていると、雑草の方にも声をかけたくなります。おまえも毎日がんばっているな、なんて励ましたくなります。

でも、みんなは気がついているだろうか。こういう気持ちになった時、わたしたちの心は大きく育っているのです。草抜きに行くことは、自分の心を育てていくことなのです。

畑には土があります。ふだんのくらしの中で、みんなあれくらい土をにぎりしめることがあるだろうか。草の根っこを抜こうとすると、みんなすごくしんどかったと思う。根は土にしがみついている。そういう自然の力を、みんなはふだんの生活の中で感じることがあるだろうか。

草抜きをするあなたがたの姿を見ていました。初めは、確かにおしゃべりをしている人もいました。でも、しだいに何も言わなくても、みんなの口数もへってきました。人間も自然の一部です。自然と向きあっていると、知らないうちに自然と自分との境目がはっきりしなくなってくることがある。静かな、何かしら豊かな世界を感じることがある。そういう時が持てるというのは、本当にすばらしいことなんです。

土のにおいをかぎ、つめの中までどろどろになり、土のあたたかさとひんやりとした冷たさを感じとることができた時、そういう世界を感じることができるはずです。

心が落ち着かない時、草抜きするといいんです。何かで迷っている時、草抜きするといいんです。友達とけんかした時、草抜きするといいんです。悲しい時、苦しい時、うれしい時、幸せな時、草抜きするといいんです。

ちっぽけな草を抜こうと格闘していると、いつのまにか、自分自身が大きな自然を相手にしていることに気が付きます。自分の方が、小さく感じられます。そして、自分自身も自然の中にとけこんでいきます。そういう時には、たいていのことは、片付いていきます。

草を抜くということは、自然と話をすることです。自然と話すということは、自分自身を見つけるということなんです。

だから、草を抜くということは、サツマイモのためではなく、野菜のためでもなく、学校のためでもなく、先生のためでもありません。それは、自分のためなのです。自分の心を少しずつ少しずつ豊かにしていくことなのです。

宮沢賢治という作家を知っていますか。「銀河鉄道の夜」とか「風の又三郎」なんかを書いた人ですね。あの人は文章も書きますが、実は先生もしていたのです。そしてね、その教室の黒板には、よくこう書かれていたのです。

「ウラノ畑ニイマス。」

すばらしいと思います。

6年生のみなさん、きのうは、本当に、ありがとう。

〈赤根君〉

押部谷小学校では、学校の裏に畑を借り、そこで全校で栽培活動を行っていた。当時、栽培の担当をしていたこともあり、サツマイモなどを植えると、畑全体の水やりが私の仕事になった。全校分3000株に水をやるとなると、優に3時間はかかった。サツマイモが根付くまで半月ほどは、休日も含めて毎日畑で水やりをするのが、私の日課になった。

ようやく水やりも終わり、サツマイモの苗がしっかりと立つようになると、畑には緑の雑草が茂り始めていた。次の仕事は草抜きだった。毎朝、毎夕、学校への行き帰りに1時間ずつ畑に通う日々が続くことになった。

畑で草を抜いていると、その雑草にもいくつかの種類があることに気が付いた。植物には疎いので、自分なりに勝手に名前を付けて呼んでいた。その中に、根の赤い草があった。学名は知らない。私は勝手に「赤根君」と名付けた。赤根君は、しっかりとその赤い根を張っており、簡単には抜けなかった。しかし、うーんと力を入れて引っこ抜くと、根が広く張っている分、一株抜けると、そのあたり一帯を、一斉に抜きとることになる。いつしか、私は赤根君を探すような思いになっていた。

そういう話を教室でもした。畑で草抜きをしていると、近所の方が冷たい麦茶を持って来てくれたり、農家の方が栽培方法について話しかけてくれたり……草を抜いていると、蛇が出てきてにらめっこをした話……そんなとりとめもない話をした。子どもたちは、そういう話を意外にも興味深く聞いていた。

子どもたちを草抜きに連れ出した。あれだけ、興味深く聞いていたのだから、さぞ、草抜きに励むだろうという予想は大きくはずれた。畑が社交の場になった。子どもたちは友達とただ笑い、話し続けていた。子どもたちの手は土の中には入らず、途中でちぎれた痛々しい草が足元に投げられるだけだった。私は、何も言わず、草抜きを続けた。

すると、いつの間にか、ざわめきが収まっていた。子どもたちは、一人ずつ、土に向き合っていた。言葉は消え、笑い声も消えていた。子どもたちの手は地中深く埋まり、抜かれる草にも泥まみれの根っこが付いてきていた。静かな、そして何やら豊かな時間だった。

それまでも鳴いていたはずの鳥の声が聞こえてきた。近くの車道を走る車の音が聞こえ、電車の音が聞こえてきた。不思議だった。当然聞こえるはずの電車の音は、教室ではついぞ聞いた覚えがない。しかし、畑で草抜きをしていると、それが聞こえてくる。このことは、後で子どもたちも不思議だと語っていた。(こういう体験は後に春日野小学校でもあった)

「そろそろ、帰ろうか。」

声をかけると、どの子どもも夢から覚めたような表情をした。

畑から帰る道で、女の子が声をかけてきた。
「せんせい、土ってあったかいんだね。」

〈何もしない時間〉

学校は、何かをする時間で埋め尽くされている。

定められた教育内容を習得させ、教育課程を修了させることのみが、教育の目的であるなら、それはやむをえないことになる。が、しかし、教育を人間の中に起きる知的な高まりととらえるならば、そこにはうねりがなければならない。もし、教育の範疇に人間性の形成をも視野に入れるならば、そこには波が起こらねばならない。教育により、内面形成を願うのならば、自己と対話することがなければならない。「何かをする」ばかりではなく、「何もしない」あるいは「何かを捨てる」そういう時間も必要なのではなかろうか。

学校には、必ず、どこかに忘れ去られたような場所がある。人影もまばらで、何か籠るような場所。必ずしも常時必要とはされず、しかし、何かの折には思い出されるような場所。多くが群れる時には見向きもされず、それでいて何かに疲れた時に立ち寄りたくなるような場所。そういう場所は、人間が成長する上で、欠かせない場所である。一見、無駄に見えるが、実は、そういう場は、重要なのである。

時々、学校の時間の流れに子どもも私も流され埋もれてしまいそうな時がある。そんな時、私は時々子どもを連れて、そういう場所に行く。

何をするために……何もしないため、である。

「何もしない時間」

そういう時間を、私は時に作ることにしていた。

何もしない時間……そう、文字通り、何もしないのである。しゃべっても、いけない。本を読んでも、いけない。遊んでも、いけないのである。そして、もちろん私も、指示してもいけない。怒ってもいけない。話しかけても、いけないのである。

木漏れ日が差す、少し薄暗い、そんな場所に子どもたちを連れて行き、「今から、何もしてもいけません。」とだけ話し、そして、後は、本当に何もしないのである。

子どもたちは、何もしないことに慣れていない。まず、友だち同士で話し始める。何もしない、ということを、何でもしていい、という風に解釈するのだろう。楽しそうな話し声やざわめきが続く。私も、それに対し何も言わない。ざわめきは、続く。

しかし、やがて、静けさがざわめきを凌駕する時が来る。子どもたち一人ひとりが、静けさに耳を澄ますのだ。すると、普段日常では聴こえないものが聞こえてくるのだ。静けさとは、静寂ではない。日常の雑音が、自然の豊かさにすりかわるのだ。そして、その音に子どもたちは耳を傾けるのだ。静かな、豊かさに、身を委ねるのだ。

いつか、友だちとの固まりがほぐれ、一人ひとりが距離を置いて、すわる。ある者は、木の梢を見つめ、ある者は地面を眺め、ある者は目を閉じている。ふだん聞こえるはずで、聞いていないものが聞こえてくる。鳥のはばたき、それにより砂がまきあがること。電車の音……不思議なものである。人工的な物音でさえも、意味の無い音を、日常では遮断していることに気付く。静かな、豊かな時が流れる。

かつて、押部谷の畑で、草抜きをしていた時に感じた、豊かな時間。土に触れ、身体を、手を使うことで、手にしたあの時間。あの感触。何かを求めるのではなく、何かを捨てることで気付く豊かさ。子どもも、同じではなかろうか。日々、成長し、育つためにこそ、ふと手を休め、身体を休め、何かを手放す経験も必要なのではなかろうか。

「何もしない時間」の終了を告げると、どの子どもも一様に夢から覚めたような表情をする。そこには、何かしら豊かなふくらみがある。そして、すぐに日常に舞い戻ってゆく。

何もしない時間……

教育課程上では、許されない時間かもしれない。しかし、真の教育のためには、必要不可欠な時間なのかもしれない。

余白の時間……

余白の場所……

そういうものが、子どもを育てるのかもしれない。

3. 三木合戦

〈押部谷と三木合戦〉

押部谷小学校に勤め始めた時、校区内に織田信長の手紙がある、という噂を聞いた。校区内の神社や寺院を訪れてみると、一様に「1575年ごろに秀吉によって、焼かれた」という解説が残る。信長、秀吉……こうした名前が、なぜ、ここに残るのか……ある時、この校区内では、餅を食べない家があるということを聞いた。

これらをつなぐキーワードが、「三木合戦」だった。

元来、押部谷はその名を歴史上に残していることが多い。播磨の国風土記しかり、元住吉遺跡しかり、義経のひよどり越えしかり……その線上に「三木合戦」も位置付く。このあたりは歴史上に何か潜む土地柄なのかもしれない。

戦国時代、東播の雄、別所氏は、三木を拠点に東播州を治め、20万石以上を誇る大名だった。長治は若干20歳にして、この三木城の城主であった。しかし、彼には頭を悩ます問題があった。別所氏は、古く中国地方の毛利氏を盟主として栄えてきた。そこに東方の新鋭織田氏が怒涛の如く、西方に攻め入り、打倒毛利を目指し、東播になだれ込んできたのである。間に挟まれた別所氏は、両雄のいずれに組すべきか。そこに彼の、別所氏の存亡がかかっていたのである。

当初、長治は、部下の黒田勘兵衛の直言を聞き入れ、信長に組みすることにした。しかし、信長から毛利攻めを任された大将、秀吉（当時は羽柴秀吉）の態度に腹を立てた長治の親族の意見により、毛利方に寝返り、秀吉と対峙することになる。怒った秀吉は、別所を攻めようと、三木方と戦闘を開く。しかし、地元の利を用い、勇猛に戦う別所氏も果敢に秀吉に挑み、戦いは長期化する。秀吉は、作戦を改め、平井山に陣を構え、枝城から、順次落としていく、持久戦法をとる。この時に、三木城の枝城の役目を果たしていた神社や寺院は次々に焼かれる。

毛利も巧みに食料や軍備を三木城内に送り込むが、次第にその経路は断たれていく。そして、三木城内は次第に飢えを募らせてゆく。いわゆる「三木の干殺し」である。籠城すること、一年半余り、三木城主別所長治は、城内の様子に覚悟を決める。長治自身が切腹する代わりに、城兵の命を救ってほしいと懇願する。その願いは聞き届けられ、旧暦1月17日、三木城主別所長治は切腹し、城兵は救われる。勿論、長治の遺児たちも、ともに命を絶つ。これが、三木合戦である。押部谷の神社や寺院が焼かれ、信長に味方するように書かれた手紙が遣わされたのも、この合戦に起因する。

〈3年間の教材研究〉

こうした地元に関わる史実をもとに、授業ができないだろうか……

当時、担任していた6年生に「三木合戦」の授業を行ってみた。

私自身が知っている三木合戦という戦、三木合戦と押部谷の関わり、特に住吉神社や近江寺の焼き討ちなど、を子どもたちに話した。子どもたちは、自分が知り、訪れたことがある地名と歴史上の人物とのつながりに驚き、興味を持って話を聞いていた。そのうえで、子どもたちに、毛利か、信長か、どちらに味方するかを問うた。子どもたちは興味深く応えていた。手応えは感じた。しかし、いかんせん子どもたちが考える基盤は、私の話以外にはなく、話し合いは平板であり、一人ひとりの判断も、場当たり的だった。それは、仕方ない。子どもたちの手に合う資料がないのだから。

三木合戦という題材の手応えと、資料収集の必要性を感じ、教材研究を始めた。三年間に渡る教材研究が始まった。

校区内の神社や寺院をもう一度見て回った。どの場所にも、秀吉、三木合戦、戦国時代という言葉が共通項として並んでいた。メモをとり、写真におさめていった。

こうして足を運ぶ姿が、地域の人々にも映り始めたのだろう。だんだんと、口コミによる情報が集まり始めた。

その中に、信長の手紙があった。ある日、校区内の旧家に招かれ、信長の手紙を見せてもらった。その手紙は、主に祐筆により書かれたものだが、「信長」という名前の部分は自筆であり、花王が押されていた。いつか「三木合戦」の授業をする時に、ぜひ子どもたちにも見せてほしいと頼んだ。

寺院や神社だけでなく、今は面影もないが、校区内に砦があったということも伝わってきた。押部谷駅の山側は小高くなっている。そこが砦であり、かつてそこに「押部弥太郎」という領主がいたことも伝わってきた。弥太郎が残した日記も現存していた。駅の近くに小さな竹藪がある。その竹は、矢竹であり、合戦に備えたものであることも分かってきた。そこは、まさに子どもたちの通学路だった。

押部谷小学校の創立110周年の資料を整理していると、「京都大学文学部」からの預かり書が出てきた。「鐙」とある。何らかの形で、押部谷小学校から京都大学に預けた物があるらしい。これも三木合戦に由来するものであった。

子どもたちの手に合うものが少しずつ集まり始めた。

再び、6年生を担任した。あれから、三年の月日が過ぎていた。

夏休みが終わり、クラスの子どもの宿題の中に「三木合戦」と評する物があった。

「ぼくの家では、正月に餅は食べません。」

灯台もと暗し……自分のクラスの中に、あの言い伝えが残っていた。

ぼくの家では、正月に餅は食べません。それは、三木合戦でみんなの代わりに切腹した別所長治を偲んでのことです……。

その子の家に行き、話を聞いた。

別所長治とその子どもたちは、三木合戦の終結のため、その命を絶った。しかし、遺児の中の一部が逃げ延びて、ここ押部谷に住み着いたと言われるのである。その家に伝わる家系図を見せてくれた。ずっとたどると、そこにまぎれもなく「長治」の名前があった。しかし、よく話を聞くと、そこは分家であり、その本家こそ、以前「信長」の手紙を見せてもらった家だったのである。さらに京都大学に預けた「鐙」は、その遺児が、別所長治の子どもである証であり、それがなくならないようにと、学校に預け、さらに京都大学へという流れができていたのである。

〈五感に訴える取り組み〉

「三木合戦」を、授業として取り上げることにした。

取り組みに対し、一つの柱を立てた。それは「五感に訴える取り組み」である。以前は、私の話だけが資料であり、それが子どもの思考の全てになった。勿論、子どもたちの考えは深まりを見せなかった。そこで、三木合戦をただ知識として知るのではなく、子どもたち自らの体や感覚に訴える取り組みにしようと考えたのである。そして、三木合戦に「見聞きすること」「歩くこと」「味わうこと」「調べ、語ること」「態度を決めること」を通して取り組むことにした。

「見聞きする」

以前にお願いしていた方に来校していただき、三木合戦について話していただいた。信長の手紙、家系図に残る「別所長治」の名前、子どもたちが通う押部谷小学校から京都大学に保管された「鐙」の写真……僅か1時間ほどの話だったが、教科書にしか存在しない歴史上の名前が、地元の人の口から聞こえることに、子どもたちは感動し、食い入るように、その方の話を聞いていた。

「歩く」

学校の裏手にトーシン山という山がある。そこにかつて「細田城」という砦があった。これは、三木城と重要な支城である櫨谷城をつなぐ拠点であった。ここも三木合戦の最中で焼かれ、今は跡形も残っていない。

夏休みの宿題で三木合戦を取り上げた子どもが、案内役をしてくれて、クラス全員でトーシン山に登った。急な登りが終わり、尾根に出た。左に曲がれば、近江寺であり、櫨谷城につながる。彼は、そこを右に曲がった。人一人がやっと通れる細い山道を歩き、やがて少し広がった場所に出た。

「ここです。」

彼は歩みを止めた。危うく通り過ぎてしまうような所だった。勿論、昔日の面影は何一つ残っていない。その場所に全員で座り、静かに目を閉じて、はるか400年以上の昔に思いを馳せてみた。辺りは、静まりかえり、物音一つ聞こえなかった。

学校に戻り、子どもたちに感想を書かせた。何人もの子どもが、あの静けさの中に、確かに馬のいななきを聞いた、と書いていた。


「味わう」


「正月に餅を食べないなら、正月のお雑煮はどうしているの。」と彼に聞いた。勿論、餅はいれないと言う。それどころか、本家では一年中餅は食べないということである。では、餅抜きの雑煮を作って食べようということになり、彼の家のお母さんにレシピをもらった。

また三木には「長治せんべい」というお菓子がある。三木市では、観光の目玉の一つにしているが、子どもたちにはなじみの薄いものであり、是非全員で食してみようと考えた。

家庭科室で、レシピにしたがい、雑煮を作った。そのレシピによると、汁そのものは味噌仕立てではなく、すまし汁風であった。だしをとり、具の野菜をきざみ、子どもたちは楽しそうに調理していった。完成すると、思わず子どもたちから笑いがこぼれた。「なあんだ。ただのすまし汁じゃない。」そうだった。餅抜きの雑煮とは、ただのすまし汁になるのである。子どもたちは笑っていた。「でもね、」私は、言った。「この汁は、400年以上も続いているんだよ。」子どもたちから、笑みが消えた。黙ってすまし汁を味わい、長治せんべいを食べた。たまたま、その日の給食の献立が「お雑煮」だった。彼は餅を抜いて食べ、他の子どもは餅入り雑煮と比べながら食べた。面白いことをすると、不思議が重なる。

「調べ、語る」

子どもたちは、自分たち自身の手で、三木合戦を調べ始めた。自分の興味によりグループに分かれ、あるいは個人で調べていった。

三木合戦の年表を作ったグループがあった。三木合戦の年表を時系列で並べていくのだが、ただ並べるだけではなく、そこに別所方にとって良いことには赤マーク、秀吉方に良いことには、青マークをつけていった。すると、三木合戦が初めは別所方が優勢であり、時間が経つにつれて秀吉優位に進んでいった経緯がだれにでも明らかになった。三木城の枝城を立体地図で表したグループがあった。この地図を見ると、別所方や毛利方がどのようにして兵糧の運びこみを画策したかが一目瞭然になった。そして、秀吉方がどのように、この経路を断っていったかが明らかになった。秀吉や別所長治の人物像をまとめて、模造紙にまとめたグループもあった。

こうして調べ、まとめた物は、教室に掲示したり、長机の上に置いていったりした。そして、それらの掲示物についての意見や質問があれば、その掲示物にカードを貼りつけていった。賛成意見なら青いカード、反対なら赤いカード、質問は黄色のカードという具合である。掲示物によっては、赤と青のカードが１００枚以上も連なることもあった。掲示したグループは、そうしたカードの意見をもとに、さらに調べ、自分たちの掲示物に付けくわえていった。こうしたやりとりを「紙上討論会」と名付け、クラスの子どもたちの休み時間は、こうしたカードのやりとりに明け暮れ、子どもたちにとって、三木合戦はますますその存在を拡げていった。休日に、三木城に出かける子どもも増えていた。

〈態度を決めること〜三木合戦の授業〜〉

三木合戦に取り組むにあたり、子どもたちに一つの課題を与えていた。

それは、いろいろと三木合戦について調べ、考えた上で、最後に「自分が当時の押部谷の農民だったら、自分の家でとれた米を、別所に差し出すか、秀吉に差し出すか、態度を決めること」である。歴史の傍観者で終わるのではなく、自分自身の態度を決めることで、歴史の参画者になり、自分自身の生き方を問うことを求めたのである。

授業は、教室の机を取り払い、椅子を丸く並べ、その中央に別所方と秀吉方の旗を立てた机を置いた。子どもたちは、それぞれが調べたことを書いたノートと、各自が作った小さな米俵を一つずつ持って、授業に臨んだ。授業の終わりには、それぞれの米俵を一人ずつ別所方か秀吉方に置くのである。

話し合いに入る前に、現時点で別所方と秀吉方のいずれに置こうと考えているのか問うた。別所方が15、6人、秀吉方が12、3人、悩んでいる子どもが2人だった。

地元だから別所に、という意見に、淡河の戦いのように殺されたくないから秀吉にという意見が続き、さらに周りが別所を応援している中で、秀吉に味方したら近所の人に殺されるというような意見が続いた。

ここで話は、兵糧の運び方に流れ、三木城にある井戸の利用法について討論が続いた。この話し合いに関連し、別所長治と秀吉の人物像について話し合った。一般的に、別所長治については、領民や城兵の代わりに命を投げ出した優しい人というイメージが定着していた。分からないのは秀吉だった。淡河の合戦では、兵糧を運び込んだ人々を皆殺しにしているし、三木合戦後に三木の城下を免税にする優しさも見せている。この二面性に、子どもたちは戸惑った。ある女の子が「秀吉は味方には優しいが、敵にすると怖い人だったのではないか」と発言した。為政者としての性格を鋭くとらえた発言だった。

話し合いは、戦いについての情報の有無について流れていった。三木合戦を概観すると、前半は別所方に優位に、後半は秀吉方に優位に経緯している。こうした流れを、当時の人々はどれだけつかんでいたのかということである。近くにある住吉神社や近江寺が焼かれたことは当然知っていただろう。こうした焼き討ちに当時の人々は恐怖しただろうと、私は考えていた。ところが、子どもたちは100以上もある枝城の一つや二つ焼かれたからといって、心配などしなかったろうと発言するのである。

ここで時間になり、それぞれの米俵を置いていった。結果は、別所方が20名、秀吉方が10名だった。悩んでいた二人は、授業中、一言も発言せず、ずっと考え込み、そして迷いつつ、やがて決心したかのように、別所方に置いた。

〈ずれから見えてきたもの　～地元という意識～〉

授業後の検討会では、この「100以上もある枝城の中で、たった一つや二つぐらい……」という発言が取り上げられた。結局、当時の農民の思いには迫りきれていなかったという指摘である。私自身、授業中はそう考えていた。予想と子どもたちの発言の食い違い、ずれに、自分の取り組みの甘さをかみしめつつ、授業を終えたのである。

しかし、子どもたちの感想を読んでみると、子どもたちの発言の真意は別な点にあった。それは、「地元のこだわり」である。「地元の別所に送ります。農民たちは、絶対別所の味方だと思います。」「ぼくが別所に送る理由は、やっぱり負けていても地元だから。」というように、地元という言葉が躍っていた。

押部谷は別所の領地であり、他国のいかなる勢力より、地元の領主の力を信じていたのである。考えてみれば、400年以上に渡り、自分たちの領主であり続けた別所氏の力こそ、自分たちの暮らしを守り続けた拠り所だったのだ。それを否定することは、自分たちの暮らし、命を否定することにもなりかねない。子どもたちは、見事に当時の農民の心に同化していたのである。

三木合戦の取り組みは終わったが、その後も子どもたちは三木城に通った。また三木合戦の絵解きに出かける子どももいた。

三木合戦は、見事に、子どもたちの心に根付いたのである。

〈押部谷歴史散歩〉――三木合戦――

あなたがたと、本当に長く三木合戦に取り組んできました。どうでしたか。

私は、本当に楽しかった。もち抜きぞうにを作って食べたりね。（あの時の給食がもち入りのぞうにだったから、本当にびっくりしましたね。）Hさんの話を聞かせてもらったり（私は年末にHさんの家で信長の手紙を見た時、本当に４００年という時間が目の前で一瞬にとんで行った気がしましたよ）Y先生に淡河の戦いの話を聞かせてもらったりね。（私は一度淡河城をたずねてみようと思っています。）

でも、何と言ってもおもしろかったのは、細田城に行ったこと。あそこで、みんなで目をつぶったじゃない。私はね、あの時押部を感じました。あなたがたが本当に押部谷に生きているんだ。そう、思いました。何と言えばいいのでしょう。あの一瞬、平成の世の中と戦国が一つになった、その瞬間を感じました。

櫨谷城にも行きました。三木城には何度足を運んだことでしょう。平井山の本陣跡、まさしくここを秀吉が４００年前に踏みしめていたんだ。そう思いながら平井山から三木城をながめました。

「織田ＶＳ毛利」……お互いに何万石かって、みんな質問したじゃないですか。私も、ずーと気になってて、いろいろ調べたけど分からない。結局ね、みんなは知っているだろうか、司馬遼太郎。この人が書いた「播磨灘物語」全４巻を買って帰って読んだ。その第２巻の終わりの方にのっていた。当時の織田信長が約５３８万石。でも、毛利は分からなかった。山岡荘八の「毛利元就」を読むと、石高は分からなかったけど、生涯に２２６戦して全部勝ったということが分かりました。夜、家に帰ってからずーとこんな本を読んでいました。学生時代に読んだ記憶はあったけど、それ以来。でも、楽しかった。

ちなみにね、前に書いた司馬遼太郎という人の祖先も三木に住んでいました。（なんかおもしろいことを始めると、こういうふうに不思議につながってくるのです。おもしろいね。）押部谷と三木合戦のつながり。押部弥太郎、押部城、細田城、近江寺、住吉神社、織田信長の手紙、Ｈさん、押部谷小学校に残る南蛮鐙……数え上げたらきりがありません。

そういう土地を、あなたがたは踏んでいるのです。

押部谷歴史散歩。

最後の登場人物を紹介しましょう。

その人（たち）はね、まだおそらく歴史に自分たちが登場していることに気付いていないだろうと思います。その人たちは、とてもすてきな目を持っています。真剣にものごとに取り組むすてきなハートを持っています。人を支え、人に支えられる喜びを知っています。


そう、それは、あなた方なのです。

歴史はね、過去のことではない。現在も、そして未来にも、永遠に続くものなのです。あなた方は、現在という歴史を生き、そして未来の歴史をつくりあげる主人公なのです。

三木合戦の授業の後、ある女の子がね「先生なら、別所方か秀吉方か、どちらに置きますか。」と聞いてきました。分かりません。しばらく考えて、みんなにも話したいと思います。

ただね、きっと、あの当時の人々も懸命に考え、一生懸命に行動しただろうと思うのです。自分のこと、家族のこと、友達のこと、自分に関わりのある全ての人のこと、世の中のこと、未来のこと、本当にいろいろ考え、そして行動してきた。そういう一つひとつの積み重ねが、歴史なのです。そういうことを、あなた方に学んでほしかったのです。

あなた方は、これから未来の歴史を作り上げる主人公です。

かつてこの押部谷で懸命に生き抜いてきた先輩たちのように、自分の人生を生き、輝かしい未来をつくりあげてください。

わたしはね、この「押部谷歴史散歩」は、これからが本当に、花開くものになっていくだろうと思います。

だって登場人物が、あなた方なのですから。

（完）

4．食と命

〈笑いの中に、食を捨てる〉

給食風景である。

子どもたちは、楽しそうに語らい、仲間たちと給食を楽しんでいる。

その中に、心に引っかかる風景がある。つい、違和感を覚えてしまう風景がある。

それは、給食の開始時である。子どもには、それぞれ個人差があり、完食することを強要はしない。しかし、自分が食べられそうにない分については、事前に食缶に戻し、余裕のある子どもに分けることにしている。よくある方法である。だから、給食の開始時に食缶の前に列ができることもある。そこでも、子どもたちは話し、笑い合う。そして、食缶に給食を戻す。子どもたちは、笑いの中に食を捨てる。

笑いの中に、食を捨てる。

食缶に戻す時に、子どもたちは、自分の手先を見ない。捨てられる食物を見ない。子どもたちの視線の先にあるのは、自分が、今、語りかけている友だちである。子どもたちの心を占めているのは、自分たちが、今、楽しく笑っているという事実である。その中で食は捨てられる。食は、意識には無い。そこには、悪意はない。ただ、日々の習慣として、食は捨てられてゆく。

子どもたちは、笑いの中に、食を捨てる。


〈食とは〉

食育が、語られる。

栄養の面から、朝ごはんと学力の相関関係から、生活習慣の確立から……。

しかし、食とは、もっと根源的なものである。

食育は、もっと根源的にとらえなければならない。食とは、命に直接触れる根源的なものとしてとらえ直さなければならない。なぜなら、食とは命を支え、命をやりとりするものだからである。

食と命……

食を命と直接関わるものだというとらえ。そういう取り組みができないものかと模索してきた。食を栄養ととらえるのではなく、「食らう」というとらえを行い、そこに命を感じさせていく。だからこそ、食は根源的なテーマになる。

それ以来、私の総合的な学習のテーマは「食と命」になった。

《食と命》

〈育て、食べる〉

自分の手で、育てたものを、自分の手で調理し、食べる。

そこで、栽培活動から取り組むことにした。幸い、当時の勤務校、押部谷は自然が豊かで、学校自体が田園の中に立つ。近隣に畑を借り、そこで全校的な栽培活動を行っていた。

5年生として、食に取り組むことになり、大根を育てることにした。自分の手で種を播き、世話をし、収穫し、調理し、食べる。最後の食べる時に、それまでの過程を振り返り、命を感じさせていこうという考えであった。

〈間引くこと〉

大根の種を播いた。少し、時期が遅くなり、不安はあったが、大根は発芽し、成長し始めた。

ここでの手順は、間引きである。

大根の収穫を考えた場合、ここで育ちの悪い大根は間引き、良いものの成長を促す。このことを、学級全体で話し合うことにした。「間引きの是非を問う」のである。結論は求めない。話し合うことにより、子どもたち自身が、大根自身に宿る命の存在に気付いてくれれば良いのである。

話し合いが始まった。

私たちは、大根を育てて食べようとしているのだから、間引くのは当然だという意見が出てきた。それに対し、大根にも命があるのだから、間引かれた命がかわいそうだという意見が対立した。すると、大根の世話や畑の世話をする時に草抜きをする、あの雑草にだって命があるのではないか、という意見も出た。雑草は、収穫するために育てていないから、抜いて当たり前だという考えも出た。大根を人間になぞらえ、一か所に播いた種から出てきた芽は兄弟のようだ、その兄弟が間引かれると考えると、間引くべきではない、という意見も出た。

結論は求めなかった。参観した人からは、大根を擬人化して考えるのはどうかという意見も出た。私は子どもだけでなく、大人にも価値のある議題だったように思えた。

子どもたちは、結局、間引くことにした。しかし、その間引き菜を、学習園の他の場所に植え替えていた。根菜類は植え替えても育たない、という指摘があった。しかし、私は子どもたちのそういう姿に価値を覚えた。

〈収穫とその後〉

大根を収穫した。数は取れたものの、播種時機が少し遅れたこともあり、大根そのものは必ずしも大きくはなかった。収穫時期が近付くにつれ、私は何か不足を感じていた。大根は収穫が冬になり、草抜きなどの手入れが、夏野菜などのそれに比べ充分ではないということである。間引きについての話し合いはしたものの、その中の幾ばくかは、夏野菜の世話の経験に基づくものであり、大根そのものに対する執着が、子どもたちに十分に育っているだろうかという不安である。

そこで、大根を干し、たくわんを作ることにした。たくわんなら、少し小さいものでも良いし、大根の葉も漬け込むことが可能である。何よりも、干す、ぬかをかきまわすという手立てを通して、子どもたちが余計に大根に近づくことになると考えたのである。

大根をプールに干した。冬の陽は弱い。風も強い。幸い、教室からは、プールを一望できる。授業中、急に子どもたちがざわめいた。「先生、雨。」急に雨が降り、大根が濡れそうになったのである。授業はそこで中断し、大根の避難活動に移った。こういうことが何度かあった。

ぬかをかき混ぜるのは、子どもたちには抵抗があった。私は、ぬかの感触を、直接感じさせたかった。そのため、素手でぬかをかき混ぜることにした。抵抗を持つ子もいた。おそるおそる手を差し込み、しかし、やがてその感触に慣れた。子どもたちには、珍しい経験と感触であり、当番制でかき混ぜることにしていたが、その感触は口伝えに当番前には広がっていた。ある者は喜んでぬかに手を突っ込み、ある者はおそるおそる突っ込んでいた。しかし、大根は確実に子どもたちの心に焼き付いていった。

〈食べる～調理～〉

子どもたちと調理をした。畑には、少しだけ大根を残しており、この日のみそ汁の具として置いていた。

当日、保護者にも参加を呼びかけていた。何人もの保護者が手伝いに来てくれた。ただ、できるだけ子どもたちにさせたいので、危険なこと以外は、手を出さないでほしいと、声をかけていた。

たくわんも、みそ汁も完食だった。味も良かった。参加された保護者の方が驚いていた。

「こんなに葉っぱ一枚無駄にしないように調理する子どもの姿に感動しました。」

大根の命に気付いた子どもたちは、何一つ無駄にしないように調理し、それを食べたのである。

〈町中の学校で〉

押部谷から、町の中の学校へ転勤し、４年生を担任した。そこでも、同じことをした。学習園の規模は小さくなったものの、給食時に感じた違和感は同じだった。「食と命」を続けた。クラスは単級で、子どもたちは素直だった。

そのクラスを持ち上がった。担任も同じ、子どもも同じ、環境も同じ……その中で「食と命」は続けようと思った。しかし、昨年度と同じ大根とたくわんでは、と考えていた時、ミミズコンポストに出合った。

〈ミミズコンポスト〉

当時、小学校には総合的な学習が導入され、その内容や取り組みが模索されていた。私には「食と命の充実」という課題があった。その方法に悩んでいた。そんな時、ある業者からミミズコンポストの提案があった。給食の残食をミミズのえさとして与え、ミミズの糞を作物の肥料として与えるという取り組みである。総合的な学習への参入を考えていた業者が、どこかの学校で試験的に導入してみたいという提案だった。まさに、天の配剤だった。

6月10日、ミミズが学校に運び込まれた。事前にコンポスト（縦・横120cm、高さ60cmほどの2基の箱）が設置されており、そこにミミズ飼育用の土が詰め込まれていた。そこに、約8000匹のミミズが持ち込まれた。子どもたちは、それぞれミミズを触り、「かわいい」というような感想をつぶやいていた。

このコンポストに幅10cmほどの溝を掘り、そこに全校の給食の残食を混ぜ、餌として埋めてやるのである。パンはちぎり、牛乳の残りも混ぜるのである。一日おきにそのコンポストを交換し、溝の位置を代えながら、餌をやるという手順である。渇きを嫌うミミズなので、同時にじょうろ10杯ずつの水をやることも、毎日の仕事になった。

作業は、順調に進んだ。給食室前で、全校の給食の残食を待つ、クラスの当番の子どもたちに全校の子どもたちが問いかけてきた。彼らは自慢げにミミズのことを語り、時によってはコンポストに案内することもあった。ミミズが卵を産んだ。小さな濃い肌色のような卵であり、それも彼らの自慢の種になった。残食をかき混ぜると、見た目は美しいものではない。しかし、彼らはそれをいとわず、当番を続けた。

梅雨の季節になった。雨が降ろうと、係は続いた。ミミズの命を預かっているのである。

この頃から、コンポストには異臭が漂い始めた。できる限り当番活動に付き添っていた私自身も、この匂いには閉口した。しかし、もともとこんなものかもしれないと思い、係を続けた。子どもたちは「臭い」とは言ったが、当番を休むことはなかった。

業者が恒例の点検にやってきた。コンポストのふたをあけるなり、これは異常ですと伝えた。ミミズがいる土はこんな匂いはしないし、土も柔らかですということだった。早速原因を究明した。二つの理由があった。一つは残食の量が予想より多かったこと。コンポストを始める前に、全校の残食量を何度か量ってみた。それをもとに計画を立てた。その試した時の残食がたまたま少なかったようだ。もう一つは水の量だった。10杯というのは、一つの目安であり、天候、湿気、土の状態……等の条件により、水の量を加減しなければならないのだった。

こうした原因への対応として、残食をやるのは週に2回にして、水の量も加減することになった。土のメンテナンスを終えた業者は、この土の感触を子どもたちにつかませてほしいと言われた。また、私たち自身が業者の経営するミミズコンポストを訪れ、実際の土の状態を確かめた。子どもたちにこうしたことを伝え、それ以降順調にコンポストは進んだ。ミミズの糞は、全校の栽培の肥料に、学習園の肥料に活用されるようになった。

〈子どもたちの意識の変容〉

ミミズの世話は、どの活動をとっても見栄えの良いものではない。どちらかというと敬遠されるようなものである。しかし、子どもたちは本当に意欲的に楽しそうに活動していた。取り組みを始めて半年たった時点で、アンケートをとった。

これからもミミズコンポストの活動を続けたいという子どもが95%で、やめたいというのは0%だった。ミミズコンポストの活動を通して自分自身が変化したことについてたずねると、答えは、「食」「命」「リサイクル」というふうに3つに大別された。「食べ物を大切にしたい」「好き嫌いが減った」という声や「小さな命も大切にしたい」「命の大切さが分かってきた」という声も聞かれた。「残食を減らすことを通して、環境やリサイクルを考えた」という答えも多く聞かれた。

今後もミミズコンポストを続ける決意としては、「自分たちは小さな命を預かっており、その責任を途中で投げ出すことはしない。」という声が多く書かれていた。「ミミズは地球にとって、大切な生き物」という回答もあった。コンポストという限られた範囲の中で、ミミズを見つめていた子どもたちが、自然界全体、地球全体という視野で、命が食を通してつながっていることがつかめたらと考え、「食と命」の授業に取り組むことにした。

〈授業 「食と命」〉

授業は、学習園で採れた焼き芋から始まった。

教室の中に、焼き芋の甘い香りが漂い、一口ずつ試食した子どもたちからは「甘い」「おいしい」という声が口々にこぼれた。「なぜ、イモは甘いのか」を本時の課題にした。

子どもたちからは、無農薬、太陽によくあたっている、世話をしたから、という答えに続き「肥料が良いから」という答えが出た。当然、この答えには、ミミズコンポストのことがからんでいった。ミミズの糞について、話が集約されていった。

子どもたちが、こうしたことについて話し合ったところで、黒板に「人間」「ミミズ」「植物」という3枚のカードを貼って、説明させた。初めの子どもは「人間がミミズを育て、ミミズの糞が植物を育てる」と3者の関係を直線的に説明した。何人目かの子が「植物が育ったら、それを人間が食べる。」と補完した。説明を聞いていた子どもたちが「ああ、回るんか。」とつぶやいた。ここに、循環の概念が生まれた。

ここで、「ミミズは地球にとって、大切な生き物」という感想を紹介し、「コンポストではなく、なぜ地球なのか。」と問うた。子どもたちは、自分たちの経験からなかなか「人間――ミミズ」という関連を断ちきれなかった。しかし、ある子どもが「人間がいなくても、ミミズは生きている」と発言し、コンポストの中にはいろいろな虫などの生き物がいたことやミミズが落ち葉を食べていたことなどが出て、話は自然界全体に広がっていった。

「植物の落ち葉がミミズを育て、ミミズの糞が植物を育てる」という意見が出て「植物――ミミズ」という関連が確認された。その植物はどうなるのかと尋ねると、「動物が食べる」という声が挙がり、「草食動物」という言葉が出、それにつながるように「肉食動物」というつながりも確認した。同時に「肉食動物とミミズがつながらないこと」も確認された。

その点を追求すると、肉食動物が死んだら、その死骸が腐ってミミズのえさになることにたどりついた。勿論、草食動物も植物も同様だった。

食物連鎖が、完成した。

黒板に貼った「ミミズ」のカードを黙ってはがしてみた。子どもたちは沈黙した。ミミズのカードをはずすことは、次に「植物」のカードをはずすことにつながるからである。そして、黒板から全てのカードをはずすこと、地球上の全ての生物がいなくなることを、直感的に理解していた。

授業後の感想には「ミミズ一つにも、命、不思議、そして大切さがあるんだなと思いました。ミミズの働きはすごいと思い、すごく感動した。」「話し合いをして、私はミミズを育てているのではなく、私たちがミミズに育てられているように思いました。人間はミミズに命を預けているみたいです。」「一つでも環が欠けたらいけないから、地球の環境について考えてみようと思う。」と書かれていた。

〈成果〉

残食が減った。アンケート上では、87.5%の子どもが、そう答えている。食について考えるようになった子どもが、90%を超えている。どうしても、食べられないという子どもが食缶に戻す時に、一瞬のためらいの時間ができた。何らかの思いを添えて、食缶に残食を戻すようになった。

コンポストで飼っているミミズは勿論のこと、飼育小屋で飼うウサギなどの世話もていねいになり、学習園の世話もていねいに行うようになった。教室での清掃活動、目立たない係活動にも、真剣に向き合うようになった。こうした数字には表れない部分の成長を強く感じた。

ある子どもが言った。

「先生、この世の中には、無駄なものは一つもないんだね。」

5. 手紙

時々、伝えたいことを、ふと、書きます。

決まった日程で書かないし、あなた方、そして、おうちの方への思いがたまったら、書きます。

だから、手紙です。


私の学級だよりの題名は、いつも「手紙」だった。

そこには、いろいろな思いを綴った。

これは、私自身が何かを伝えようと、心が動いた時にしか書かない。だから、この手紙は担任した子どもたちへの想いであり、保護者への想いであると同時に、私自身の想いの軌跡でもある。

何カ月も書かないこともあれば、それこそ毎日のように、いや、日に何度かも続くこともある。心が動いた時にだけ書く。伝えたいものがあふれそうになった時だけ、書く。

そうでなければ、書かない。

それが、私の学級だより、手紙だった。

今、振り返ってみると、そこには、私の軌跡が見事に表れている。畑での草抜きであり、命に対する思いであり、授業に取り組む様であり、卒業での別れであり、そして、何よりも音楽会への想いが多かった。

中には、実は、子どもや保護者のみならず、同僚の職員に対するエールもあった。しかし、書きあげてみると、保護者にも、子どもにも、そして、どの人にも当てはまることなので、そのまま出した。

手紙は、いつも職員室全体に配った。

今、私が何を感じ、考え、伝えたいかを知って欲しかったからである。

そして、今もなお、自分の書いた手紙を読み返すことがあり、それに励まされることがある。

それは、私が子どもたちを想って書いていたのだが、本当は子どもたちによって、書くことができていたのだろう、ふと、そう思う。

＊第4部に、手紙

6．ムーンパルス・イン・オシベ

〈押部谷の音集め〉

日頃、慣れ親しんでいる故郷「押部谷」を音の世界からとらえなおしてみると、そこに新しい発見があるかもしれない。何気なく聞いている鳥のさえずり、虫の声、川のせせらぎ、そういうものに改めて耳を澄ましてみると、生き物の様子、自然の豊かさまで感じとることができる。稲刈り、店の音、そういう音の中には押部谷に生きる人々の暮らしを写し取ることができる。

住吉神社の祭りを録音に出かけた時には、わざわざ祭りの手を止めて、4年生の子どもたちのために、祭りの歌を披露してくれた。やがて、その輪は境内全体に広がっていった。地域に生きる人と、地域に育つ子どもがふれあい、共に生きる喜びを享受した一瞬であった。

押部谷を「音」という限られた範囲でとらえることは、押部谷の豊かさ、深さをとらえることに通じている。「音」という素材を求めて、地域を駆け回る中で、地域の人に触れ、自然に包まれ、故郷の豊かさを実感させたいと考え、総合的な学習「押部谷の音集め」に取り組んだ。

子どもたちは、それぞれの興味ごとに「自然」「生き物」「くらし」「祭り」「人間・足音」の5グループに分かれ、押部谷を歩き、音を集めていった。こうして集めた音をもとに、自分たちで音を再現したり、その音にまつわる物語を再現したりしていくために、「時代」「物語」「ニュース」の3グループに再編し、保護者や全児童に対し、発表会を行った。

子どもたちは、地域を歩く中で、いろいろなことを発見していった。今まで、あまり関心がなかった鳥の種類に興味を持ったり、休みの日に祭りに出かけたりした。こうした子どもたちの興味の広がりは、保護者にも伝わり、休みの日に行われる祭りには、過去に例を見ないほどの人出があった。

近江寺の鬼やらいや住吉神社の祭りには、押部谷村全体の祭りになり、何年かに一度当番が回ってくる。その歌の意味やリズム、楽器などの意味にも初めて触れることになった。地域にはこうしたことを専門的に研究されている方もおり、こうした研究からも押部谷が神戸よりも明石とつながりがあることが分かったりもした。

発表会には、たくさんの方が見に来てくれた。そういう人々の前で、子どもたちは誇らしげに故郷の話を伝えた。他学年の子どもたちは、こういう発表を聞いて、自分たちが暮らす押部谷について興味をひかれていく姿が見られた。地域に代々住んでいる保護者は発表を見て、子どもたちが地域に関心を持つことをほほえましく見ていたり、新たに押部谷に住まれた保護者の中にはこの発表を機会に祭りに出かけたりする人も出てきた。

こうした発表のゴールが、「ムーンパルス・イン・オシベ」だった。

〈音楽会〉

音楽会では、「霧の海」という歌を歌った。

これは、エンヤという北欧のグループ歌った歌で、歌詞は英語でもなく、北欧の言葉でもなく、世界のどこにもない言葉で歌われた歌だった。スローで、不思議な曲だったが、子どもたちは何の戸惑いもなく、歌いあげた。もともと、歌声の響く学年だった。直立するではなく、身体を柔らかく左右に振りながら、子どもたちはすてきな歌声を、音楽会で響かせた。

この年、この学年は神戸市連合音楽会に出演することが決まっていた。音楽会で演奏したこの「霧の海」という歌を前半に持ってきて、後半は押部谷の音集めで集めてきた音を変奏して合奏することにした。合唱奏「ムーンパルス・イン・オシベ」である。

後半の合奏には、打楽器を使う。この打楽器は、押部谷の竹を伐り出し、それをもとに図工の時間に製作した。2種類の打楽器を作り、それぞれ自分が使う楽器を作り出した。

後半の曲は音楽専科が作曲した。途中に入るかけごえは近江寺の鬼やらいのかけ声を元にした。また、振付は住吉神社の祭りの振付けを参考にして作り上げた。祭りで使う音に近付けるために、楽器は自分たちで作成した打楽器以外には、リコーダーと小太鼓のみにした。指揮者もつけず、音楽専科のピアノがところどころリードすることにした。

子どもたちは、身体を動かしながら、リズムを夢中になって覚えていった。祭りに出演した子どもが、他の子どもだけでなく、音楽専科にまで指導する姿は印象深かった。祭りの振付と同じで、リズムを合わすだけでなく、振りをそろえる、止まるところをそろえる、メリハリをつける、そして、何よりも目で表現することを求め、その期待に子どもたちは見事に応えていった。

〈ムーンパルス・イン・オシベ〉　連合音楽会

神戸市立文化大ホールの舞台は広い。

学校の講堂に、ステージと同じ大きさを示すテープをはり、何度も練習を重ねてきた。保護者や他学年にも見てもらい、観客の前で演奏することも重ねてきた。

しかし２０００人もの観客を前に……。

ここに至るまで、押部谷をマイクを持って録音に走り廻った姿、休みの日にたくさんの保護者と祭りに出かけたこと、地域の人が祭りに使う道具をわざわざ見せてくださったこと、発表会のこと、音楽会のこと、さまざまなドラマが頭の中をよぎっていった。指揮はいないので、客席でＶＴＲのカメラを構えた。

しかし、杞憂だった。

本当に、子どもたちは堂々としていた。身体に力も入れず、自然のままそこに立ち、そして、一人ひとりがどっしりしていた。

曲が始まった。

不思議なスローな曲。

この中に「パルス」というフレーズがある。連合音楽会の曲名を決める時、真っ先に浮かんだのがこのフレーズだった。祭りは、昼の最中に行われるのだが、必ず前日に宮入があり、その雰囲気が、この曲自体に合う。前半の「霧の海」は、まさしく祭りの前夜であり、空に月が光る。その月光に映し出された境内に揺れる、そういう風。そのイメージから名付けた。

子どもたちは、ゆったりと身体を揺らしながら、歌声豊かに表現していった。ビデオ係としてレンズ越しに、子どもたちの姿を見ていた私は、やがてレンズという障害物に違和感を覚え、直に自分自身の目で子どもたちに対峙することにした。

一転、激しいピアノのリズムが響いた。

子どもたちは、腰低く構え、ステージの床が、押部谷の地面になり、境内になった。祭りのリズムが、子どもたち自身が、押部谷に生える竹で作った打楽器が鳴った。そこは、住吉神社だった。会場は静まりかえり、眼前に繰り広げられるドラマに見入っていた。

ヤーンヤ。

近江寺の鬼やらいである。子どもたちは楽器を手に、身体を回転させた。

リコーダーが、祭り拍子を吹く。小太鼓が、祭り太鼓の拍子を奏でる。押部谷に生きる子どもたちが、押部谷を表現する。文化ホールであり、住吉神社であり、近江寺である。文化ホールに踊る子どもたちが、瞬時の内に会場全体を押部谷に招く。

再び、低く構える。

五拍子が始まる。

拍子にあわせ、子どもたちが少しずつ、腰を上げていく。

ヤア――ッ。


〈手紙〉

感動する、やわらかい心を持ちなさい。


この一年間、あなた方に言いたかったことを、一言にまとめれば、そういうことになるだろうと思います。

何かに、いつも前向きに向かい合い、決しておそれず、わくわくして、それに立ち向かいなさい。そして、感動しなさい。自分が立ち向かったものに、それをなしとげたことに、それをやりとげた自分自身に。

いつも、心をやわらかくしなさい。心をほぐしなさい。美しいものを見、美しいものを聞き、そして、よいものを読みなさい。

体を動かしなさい。土をさわりなさい。汗をかきなさい。

けんかをしなさい。思い切り、泣きなさい。おこりなさい。腹の底から声をふりしぼりなさい。口を大きく開けて、笑いなさい。

それらが、全部、心をやわらかくします。

やわらかい心は、鉄よりも強いのです。


列をくずしなさい。


いつもいつも、列をつくっていては、いけません。

自分の思いに正直になることです。

見たい、聞きたいという思いを強く持つことです。

受身になってはいけません。

全てのものの中から、本当に価値あるものをかぎわける、するどい鼻を持つことです。自分に自信を持ち、自分と周りのちがいをきわだたせていくことです。

だから、列をくずしなさい。

そして……

群れなさい。

価値あるものには、おそれず、立ち向かいなさい。

一年間、いろいろなことをしてきました。

覚えていますか。

明石川に行った時、あなた方は、ズボンまでぬらして水の中に飛び込んでいった。図工室から家庭科室までものを運ぶ時、あなた方はいつも息をはずませて、階段をかけ上がっていった。ジャズの曲を初めて聞いた時、恥ずかしがらずに、そのリズムにおどった。ムーンパルス・イン・オシベ……

私たちはね、そういうあなた方を、ずっと見守ってきました。

正直に言いましょうね。本当は心のすみっこの方で、くすっと笑っていたのです。ごめんなさい。あなた方が、次はどんなことをするのだろうと、私たちはわくわくしていたのです。そして、あなた方のすることは、いつも、そうした私たちの予想をはるかにこえることばかりでした。だからね、思わず笑ってしまったのです。

あなた方は、いつもあたたかかった。その中にいると、本当に楽しかった。何だか、やわらかい風につつまれた気分だった。そういうふしぎなムードが、あなた方にはあります。泣いた人もいました。でも、その涙は熱いものだったと思う。だから、私たちの胸を打ちました。みんなが帰った後も、私たちはずっとその話をしたものです。だから、あなた方のなやみは、決してあなた方だけのなやみではなかったのです。
いつも、あなた方のことを考えている仲間がいるのです。あなた方には、そういう魅力があります。だから、自信を持ちなさい。

あなた方は、本当に、私たちの宝物でした。

一年間、本当に幸せな時間をすごせました。
心の底から、おれいを言います。
ありがとう。
4年生担任

7. 描画会

初めて、普通学級を担任した時、その学校では春に「造形の会（粘土）」秋に「描画会」を行っていた。5年生を担任し、初めての「造形の会」を迎えた。題材は「綱引き」にした。一人ひとりの作品であり、かつ、中心にロープを置いて展示すれば、全員の協力作品になる、というのが理由だった。当時の学校は、小規模校であり、音楽には専科教員がいるものの、図工については担任が行うことになっていた。

正直、初めて普通学級を担任した時点で、図工にはあまり関心がなかった。保護者も国社算理には関心を持つだろうが、そういう教科にはあまり関心を示さないだろう。何よりも、教室での授業だ、と考えていた。造形作品は、割合、無難に終わった。重心のこと、バランスのことなどを伝え、子どもたちもそれなりの物を作ったように考えていた。体育館に展示し、高学年としてもそれなりのできばえであると感じていた。

そんな折、急に先輩の先生に体育館に呼び出された。先輩は厳しい顔で言った。

「子どもたちに、こんな粘土人形作らせて、どんなつもり。」

私は、口ごもった。

「あなたには、もう少し期待していたわ。秋の描画会にもこんな作品作らせたら、承知しないから。」

先輩は、立ち去った。改めて、粘土作品を見てみると、そこにはロープを持つ人形が並んでいた。確かに綱を持ち、立ってはいるものの、そこに力強さはなかった。そこに子どもの人数分の人形が並んでいるにすぎなかった。

そういう批判は分かるものの、なぜそこまでこだわりを持たなければならないのか、実感としては分からなかった。そして、もう一つ、秋の描画会と言っても、自分には絵に関する手立ても、それに講じる策もなかった。ただ、秋にも続けてあの批判を受けるのは忍びなかった。

妻の学校の図工専科の方が、一度、家にいらっしゃいと声をかけてくださった。私は早速、休日におじゃました。その方は私にコンテを渡し、「やわらかい線を描いてごらんなさい。」と言った。やわらかい線……。私はとまどったが、とりあえず前の紙に線を何本か引いた。「固いね……。」また、描いた。「固い。」何度かそういうやりとりが続いた。やがて、くねくねとした線を描いた時、「そう、それそれ。」

確かに、柔らかさが出ていた。今までに描いた線は確かに固い。線に表情があることに初めて気付いた。「絵は、柔らかい線で描かせないといけません。やわらかい線を練習させてごらん。」

翌日から、クラスで線を描くことに取り組んだ。子どもたちも何のため……という顔をしていたが、やわらかい線を習得すると、確かに変わってきた。やわらかい線というのは、弱い線ではない。本当に集中しないと、線はすぐに固いものになってしまう。子どもの目つきが変わってきた。そして、線を元に、手、靴、草の根……などのデッサンに取り組んでいった。子どもたちの作品はすごいものになってきた。一つひとつを褒め、全ての作品を展示した。教室が、美術館に代わった。

色は、鮮やかなものが良い、美しい。そのためには、あまり数多く混色すべきではない。パレットは汚れたままではなく、常に新しい色にチャレンジできるようにきれいにしておく。水も代える。作品に実際に色をつける前に、一度、同質の紙に試してみる。

秋の描画会が始まった。その学校は、自然豊かな場所にあり、秋の風景も美しかった。それを描くことにした。子どもたちはコンテを持ち、下書きに出かけた。校舎周りの周辺に散らばり、想い想いの構図を考えて、描いた。私は常に動き、全員に声をかけた。誰が何を描き、今、どこを描いているか、全て私の頭の中にあった。そう言えば、造形の会の時には、私自身にこういう集中はなかった。

色つけは、教室で行った。下書きが早く終わった子は、紙に鉛筆で色のデッサンもしていた。細かいタッチから始めるように助言した。疲れてきたら、大きめのタッチが生きるような場所に移ること、気分を変えたい時は、一人でそっと周りを歩いて来ること、などを助言した。集中した時間が流れた。私は各作品をずっと見て回った。黙ったまま眺め、全ての作品を頭に入れ、助言する時は最小限に留めた。しかし、いつどのタイミングで誰に助言すべきかを常に考え、教室の中を歩いた。

時々、全員に声をかけて、手をとめさせた。そして、周りの作品を見る時間を作った。他の作品の中に、自分の作品にも取り入れられるところもあったし、人の作品を見ることで、自分の作品を振り返る契機にもなる。少し時間を置くことで、改めて集中力を高めることもできる。子どもたちは集中して作品に取り組んだ。

ある男の子が相談に来た。「先生、ここの色はどうしたらいいだろう。」私は、彼の作品のその部分に注目していた。そのため、そこまでは他の部分から取りかかるよう、指示していたのである。そして、最後のその部分だけが残されていたのである。その部分は僅か2㎝四方ぐらいの部分であった。私は、彼と話し合い、その色を決めた。そして、彼が色をつける時、全員の手を止めて、彼の所作を見守るように指示した。彼は覚悟を決めたかのように、その部分に筆を置いた。彼が作品から筆を離した時、学級全体から、ほー、という声がもれた。作品が完成する、その一瞬、最後にそこに当然その色が来て、本当に完成する、その一瞬を、全員が共有することができたのである。

どれもが、すばらしい作品になった。鑑賞に来られた保護者の方々が感動の言葉を次々に残されていった。そして、そう、その先輩からは、作品を前に握手を求められた。

私は、間違えていた。図工、音楽、こういう表現活動、芸術科には、真の値打ちがあるのである。描画に取り組むようになって、私の授業、そのものが変わった。教えるのではなく、ともに学ぶ、ともに発見する喜びを授業に見つけられるようになった。

それ以来、勤務校に専科がいようといまいと、私はこうした活動に関心を持ち、取り組んだ。学校そのものに描画会や造形の会がなくても、専科に相談し学年独自で描画活動を行ったこともある。

港の絵を描いた。どの子も本当にすてきな絵を描いた。作品を展示した。すばらしいもので、迫力があった。一つひとつの作品が独立しており、一つひとつの作品が光っていた。その中に、水彩画にも関わらず、油絵か、と見まごう程に絵の具を塗り込めた作品があった。細かい描写には稚拙さは残るものの、何とも言えぬ迫力があった。その作品を県の展覧会に出した。入選だった。

休日に展覧会を見に行った。例の作品があった。入選と書かれた札が貼ってあった。しかし、その斜め上に一際大きく「学年最優秀」と書かれた札が貼ってある作品があった。さすがだった。細かいところまで、ていねいに描かれているし、カーブミラーに映る部分を取り込むという構図もすばらしかった。2枚の絵を比べてみて、確かに最優秀の絵は上手いと感じた。では、私があの作品に感じたものは何だったのだろう。そう思いつつ、会場を出た。

そうしたことも、最早忘れたころ、ある出版社から電話がかかってきた。私は電話口に出たが、何も心当たりはなかった。電話の内容は、はたして、あの作品に関するものだった。それは、あの作品を会場で見て釘づけになり、あの作品を図工の教科書に載せたいということだった。

絵を描く。物を創る。文を書く……。

これらは、全ての教育活動の根底にあるものにつながるものである。

第四部　手　紙

時々、伝えたいことを、ふと、書きます。
決まった日程で書かないし、あなた方、そして、
お家の方への思いがたまったら、書きます。
だから、手紙です。

私の学級だよりは、いつも「手紙」だった。

1. 時は移り

学校の帰り道、カエルの鳴き声が響いてきました。

田んぼに水をはり、田植えが始まっています。

ついこの前に迎えた春が、過ぎ去っているのです。


時は移り、季節は過ぎて行くのです。


この間、こんな景色が目にとまりました。

ある子が発表していました。

私はね、その子の発表も見ていたのだけど、発表を聞いているあなた方の姿が目に入ったのです。

誰も言わないのに（もちろん私も言わないのに）あなた方はみんな発表している人の方を向いていました。

それが、とても自然でした。

肩に少しも力が入っていませんでした。

自然と全員の視線が発表している人の方に集まっていました。

私はね、あなた方が成長したなと思いました。


時は移り、人は学んで行くのです。


連休明け、少し体調をくずす人がいました。

ある子がね、調子が悪くて、トイレに行っていました。

するとね、トイレの前にクラスの半分くらいの人が心配そうに集まっていたのです。「大丈夫?」と言う声が響いていました。

私はね、あなた方があたたかいなと思いました。


時は移り、人は心を合わせるのです。


黙々と、ぞうきんがけに励む子が増えてきました。

何も言わずに、さっと人の机が運べる子が増えてきました。

トイレ掃除が上手になりました。

そして、その姿をすてきだなと感じる子が増えてきました。

私はね、あなた方が美しいなと思いました。

時は移り、人はみがかれてゆくのです。
目の輝く子が増えてきました。
背すじがすっくりと立ってきました。
やわらかい笑顔が増えてきました。
目に力がこもってきました。
ノートに書くスピードが増してきました。
私はね、あなた方がまぶしいなと思いました。

時は移り、人は美しくなります。

人のことを自分のことのように喜べる子が増えてきました。
人のために怒れる子が増えてきました。
人のために動ける子が増え、人のために話す子が増えてきました。
そんな人はみんな心が真ん中にすわり、誰よりも輝いています。
私はね、あなた方がすてきだなと思いました。

時は移り、人は強く、そしてやわらかくなります。

朝日をあびて、田んぼがいっせいに光ります。
風のそよぎに水面がただよいます。
やわらかい黄緑色の山の色が、いつしか深い緑に変わっています。

時は移り、季節はひとつ進みます。

今夜も、きっとカエルの声が響くことでしょう……

2. 宝物

勉強すること、楽しいですか。
授業中、目が輝いていますか。
考えることに、胸がときめいていますか。
美しいことが、すばらしいと感じていますか。

汗を流すことが、すてきなことと思えますか。
むだなことの中に、何かを発見できていますか。
人のぬくもりを、あたたかいと感じれていますか。

季節の移り変わりに、だれよりも早く気付いていますか。
本当に楽しい時、心の底から笑えていますか。
悲しい時、涙を止めることなく泣けていますか。
自分のことではなく、人のために怒ることができますか。

新しい年です。
一度、自分を点検してみてください。

もし、何か気になることがあれば、それはいけません。すぐに、治すことです。
どうやって……

教えましょう。

まず、目を閉じることです。
そして、耳を閉じることです。
考えることを、止めることです。

じっと、何かに耳を澄ますことです。
すると、自分の本当の声が聞こえてきます。
それまで、じっと待つことです。
聞こえてきましたか……
今年はね、あなた方一人ひとりが、自分のすばらしさに気付いてください。
自分が、どれだけ美しいかを見つけてください。
輝きに、さらに磨きをかけてください。

どろくさい中で本当の価値に出会うことを、確かめてください。

はじけるように、はずんでください。
だれよりも、繊細でいてください。
だれよりも、大胆でいてください。

見栄えの悪い中で本当の美しさに出会うことを、確かめてください。
だれよりも、悩んでください。
だれよりも、喜んでください。

ゆっくり進むことが本当は一番速いことを、確かめてください。

だれよりも、愛してください。
だれよりも、愛されてください。

悩み苦しむことが本当の喜びにつながることを、確かめてください。

私はね、あなた方が本当にすてきな人であることを、誇りに思っています。
そんな、あなた方と歩めることが、本当に幸せだと思っています。

私はね、あなた方に夢を持ちます。

だから、あなた方も夢を持ちなさい。
輝く夢を持ちなさい。

それは、必ず、かないます。
なぜなら、あなた方は、私の宝物なのですから……

3. ――一見、むだなこと――

バケツリレーをしました。
2時間、汗をかいて砂を運びました。
単調な、仕事です。
はなやかさは、ありません。
ただ、砂の入ったバケツをとなりに送るだけ……

もちろん、ミナクルランドに草を植えるためという目当てはあります。

でも、一見、むだな仕事です。

何の見返りもありません。
頭がよくなるわけでも、成績が上がるわけでもありません。
その代わり、つかれます。
しんどいです。
だれかが見てくれるわけでもありません。

でもね、いつも、たった一人見てくれる人がいます。
……それは、自分。
一生懸命している姿を見ているのは、自分。
さぼって、いいかげんにしているのを見ているのも、自分。
友達が見ていなくても、先生が見ていなくても、いつも見ているのは、自分。

あなた方はね、いつも、自分に見られているのです。
だからね、たまには、一見、むだなことをやってみるといい。
すると、自分自身がよく見えます。

私はね、一見、むだなことに夢中に取り組める人は、本当にすてきな人だと思います。

心がつかれている時、心が横を向いている時、
そんな時は、一見、むだなことに夢中になれません。
人のことが思いやれない時、自分を愛せない時、
そんな時は、一見、むだなことに向かわなくてはいけません。

バケツリレーで、空になったバケツを走って届けにくる姿、本当に美しかった。
本当に、まぶしかった。輝いていました。

何かに手づまりになった時、一見、むだなことから始めてみましょう。
一番、遠回りな道から始めてみましょう。
それが、自分を見つめる一番の近道なのです。

一見、むだなことに挑戦しましょう。
一見、むだなことに汗をかきましょう。
そういうことができる人は、自分を愛せる人です。
人を思いやる心にあふれた人です。

人を傷つけたことに、涙を流せる人です。

多くの物の中から、本物を見分けられる人です。


あなた方はね、バケツの中に砂を入れて運んでいたのでは、ありません。

あの中にはね、「あたたかさ」がつまっていたのです。

そのあたたかさを、手から手へ、つないでいたのです。

だから、そのあたたかさが冷めないように、空になったバケツを走って運んでくれていたのです。

あなた方は、そんな尊い仕事をしていたのです。


一見、むだなことは、実は、そんなものなのです。

ありがとう、本当にうれしく思いました。


斜頚のうさぎが歩き、自分自身でえさを食べたり、水を飲んだりできるようになりました。

たまには、ぴょんとはねています……

4．命

きのうの朝、職員室で大切な書類を作っていました。そんな時、一人の男の子がかけこんできました。「先生、チロの様子がおかしい。」

わたしはね、一瞬、迷ったんです。急いでいたし、どうしてもその朝中にしあげなければという書類だったから……でもね、飼育小屋に行きました。本当に様子がおかしかった。それで、箱に入れて、タオルにつつんで、ねかせました。

そして、いつものように春日野駅に向かった。

そして、帰ってきた。

もう、始業時間を過ぎていたのに、飼育小屋の周りに、あなたたちはいた。

あれは、どうだろうか。

わたしはね、正直言って、うれしかった。「早く、教室に行きなさい。」と、あなたたちを追い立てながら、そして、そして、うれしかった。

残念ながら、チロは元気にはならなかった。

夜になって、教頭先生と、チロを箱ごと、校舎内に運んだ。

するとね、教頭先生が言ったのです。

「板東先生、確か、去年もこんなことあったよね。」

覚えていますか。

春日野商店街で、倒れていた猫を拾って来た人たちがいました。

あの時も、教頭先生と一緒に、猫を校舎内に運んだ。


わたしはね、あなたがたのこういうあたたかさがすばらしいと思うのです。

良いこととは言えないかもしれません。正しいこととは言えないかもしれません。

学校だから、集団生活だから、時刻をきちんと守ることが正しいことです。

でも、あなたがたがしていることは、「あたたかいこと」です。

わたしは、そういうあなた方をほこりに思います。


1学期の終わりに、ある女の子と約束をしました。

それは、すばらしい作文を書くこと。

題は、「命」です。

その子はね、少し、作文を書いてきていました。でも、私は受け取らなかった。

それは、その子が書きたいことではなかったから。その子の心の中を表した文ではなかったから。だから、受け取らなかった。そして、その子もそのことをなっとくしました。そして、もう少し二人で考えてみることにしました。

命……

みんな、どう思うのだろうか。
バケツ稲を育て、ミミズを育て、大根を育てている、あなた方。
そういう命を、今、あなた方はあずかり、そして、守っているのです。
時々、そんなことを忘れて遊んでしまうでしょう。
じゃあ、そんな人は冷たい人なんだろうか。
そんなことは、ありません。
遊ぶことは、あなた方自身の命を育てることなのです。
命は、命あるものが命あるものを、大切にしていくことなのです。
だから、まず、あなた方自身が、命を大切にしなければいけません。
命を大切にするということは、ただ命を失わないように守ることだけではないのです。
それは、その命を輝かせることなのです。
その一瞬一瞬を大切に、そして、誠実に生きることなのです。
そういう人は、他の命も大切にします。

周りにやさしい目を注ぎます。

言葉が、むずかしいですか。


かんたんに言うとね、「あたたかい人になりなさい。」ということなんです。

ほら、ごらん。

あなた方は、本当にしっかりと自分自身を、そして、その一瞬一瞬を生きています。だから、あたたかいのです。

そういうあなた方のあたたかさは、実は、すばらしいドラマを、そしてすばらしい奇跡を、たくさん生み出しているのです。

私は、今度、あなた方にそういうことを話してみたいと思っています。


命はね、あたたかさに守られているのです。

5. 汗を流すこと

きのうは、ごくろうさま。

どうでしたか。汗を流すということ。
私はね、ああいうことが、とても大切だと思っています。
しかも、自分のためではなく、だれかのために、あるいは何かのために。

汗を流すとね、よく見えるようになります。
今まで見えなかったものが見えるようになります。
それは、身体全体で見るようになるからです。

汗を流すとね、よく考えるようになります。
今まで気付かなかった自分の思いにゆきあたります。
それは、頭の中がからっぽになって自分自身に出会えるからです。

汗を流すとね、人と仲良くなります。
今まで感じなかった人とのつながりが感じ取れるようになります。
それは、みんなが同じ汗を流すからです。

汗を流すとね、本物を見分けられるようになります。

今まで見えなかった、見ようとしなかった中身を見ることになります。
それは、何が大切かを身体全体で知るからです。

これは、本当です。

汗を流す人は輝いています。

私はね、スコップを握りながら、あなた方の足音を聞いていました。
あなた方のはずむ息づかいを聞いていました。
楽しかった。

うさぎ小屋の周りに集まった時に、自然にみんなから拍手がわいたでしょう。
あの拍手、すごくあたたかく感じませんでしたか。
ねっ、あの時、みんなとってもすてきな顔をしていました。

あれだけ、走らずにゆっくりとゆっくり、って言ったのに、空バケツを持って走っていたでしょう。

本当は、うれしかった。

ふだん、おっくうがっている人が、バケツに砂を入れやすいように、そうっと取っ手の向きを変えてくれました。

めっちゃ、うれしかった。

リレーの列で、バケツを渡す時、自然とかけ声をかけていましたね。

すっごく、すてきでした。


汗を流して、考えてごらん。

身体全体で、感じ取ってごらん。

心と心を、つなげてごらん。


今日は、本当にうれしかった。

輝く、みんなの目を見せてもらいました。

ありがとう。

また、いっしょに、汗を流しましょう。

6. 運動会

毎朝、私よりも早く講堂に上がっている人がいました。そして、窓を開けて、心の準備をきちんとしている人がいました。

私はね、そんなあなた方がちょっとまぶしいなと思っていたのです。

マットを運び、マットのみみをきちんと入れている、そんな姿がね、ちょっとすてきだなと思っていたのです。

ちゃんと倒立ができるのに、朝早く講堂に来ている人が、ちょっとすてきだなと思っていたのです。

最後の講堂練習の後、男の子の3人組で、3人塔が失敗した人たちが、「先生、残って練習していいですか。」と聞いてきましたね。

私はね、何と答えたらいいのでしょう。

「どうぞ、やってごらん。」と答えました。

でも、正しく言い直しましょう。

「どうも、ありがとう。」

私はね、その時の3人の光る6つの目が、心の底からすてきだなと思いました。


女の子たち、覚えていますか。

10人ピラミッドを、私は6人ピラミッド2つにしようと、提案しました。それをあなた方は、断りました。

私は、あの時、すてきな女の子たちだなと思いました。

美しい女の子たちだなと思いました。


応援団、ごくろうさま。

毎朝、本当によくがんばりました。

組み体操の朝練で、ほとんど見に行けなかったけど、日に日に輝きを増しているあなた方をまぶしく思いました。

私はね、運動会という舞台でくりひろげられるあなた方のドラマが、とてもまぶしく、とても美しく、とても輝いて見えたのです。

それはね、あなた方の心がみがかれたことなのです。

それはね、あなた方の体が成長したことなのです。

それはね、あなた方一人ひとりがくっきりときわだったことなのです。


朝、体調が悪かったのに、係りの打ち合わせにかけつけてくれた男の子がいました。その子の笑顔が本当にすてきにうつりました。

応援旗を、残って描いている子がいました。

図工室のまわりの掲示板を手伝っている子がいました。

サボテンのペアに困っていた時、「私、やったるわ。」と言ってくれた女の子がいました。

応援団を決める時、任せていたら「じゃんけんで決めたんとちゃうで。」と、胸をはっていた女の子がいました。分かっています。だって、その子の顔にはちゃんと「すてきなことをしました。」と、書いてありましたから。


そんな、いっぱいのドラマをかみしめながら、28日、運動場に立ちなさい。雨で練習ができなかったけど、そんなことを気にせず、運動場に立ちなさい。
立ったら、指をまっすぐのばしなさい。
目をしっかりと、見つめなさい。
心をしっかりと、のばしなさい。

一人ひとりすっくりと立ち、そして、となりの人の心に重ねなさい。
仲間の息づかいを聞きなさい。
張りつめた空気をたもちなさい。

十分に息をすって、そして、体を動かしなさい。

あなた方は、きっと美しく輝くはずです。

7. 音楽会「ほろほろと」

ほろほろと

「ほろほろと」、変わった歌でしょう。

私が、人位先生に、夏休み前からリクエストしていた曲です。
実は「会津磐梯山」より、もっと前に決まっていた曲でした。

行基、言ったでしょう。
あなたがたは、奈良遠足の後、もう一度、この人物に出会いますって。
東大寺を建てた人、奈良の大仏を作った人、
奈良時代の大僧正。

でもね、私は、そんな行基には出会ってほしいとは思わなかった。
行基は、人々の間を、ずっと歩いた人だった。
人びとのかなしみを知っている人だった。
当時の朝廷から追われ、山々の間を歩いた人だった。
だから、行基はかなしい人だった。

私はね、本当にえらい人は、人のかなしみの分かる人だと思う。
それは、その人が、自分のかなしみをあじわった人だから。

大仏建立の時、「たとえ一握りの草でも……」と言って人びとに呼びかけます。

これを後の人は、行基は人を集めるのがうまかったと言いますが、私はそうは思わない。

行基は、本当に自分の心のふるえを、人びとにうったえたのだろうと思います。

行基は、熱く、そして、やさしい人だから。


父かとぞ思い、母かとぞ思う。

行基が、あんなにえらい行基が、山鳥の声を、自分の親かと思う。

行基は、きっと泣いていたと思う。

はげしく心をうちふるわせて、泣いていたと思う。

行基は、哭いていたと思う。

みんなで、歌詞を考えてみました。


「ほろほろと」には山鳥が鳴く声の様子以外に、涙がこぼれおちる様子という意味がある。

「なく」を漢字にしてみると、「鳴く」「泣く」「哭く」「啼く」という字があてはまりそうです。

すると、「ほろほろとなく」のは、山鳥ではなくて、行基自身だったかもしれない。

それなら、「泣く」より「哭く」の方がふさわしい。

行基は、きっと大声をあげて、体をふるわせてないていたのかもしれない。
だから、涙がこぼれおちたのかもしれない。

山鳥かもしれない。
山鳥にしたって「鳴く」と「啼く」では意味が変わる。
親鳥が子鳥を失って啼いていたのかも、しれない。

ひょっとしたら、行基も哭き、山鳥も啼いていたのかもしれない。

いろいろな想いを重ね合わせてみるといい。
そんな中から、かなしみを味わってほしい。
心の中にどうしようもなくはげしくうちふるえる想いを、かみしめてみるといい。

私は、この歌はそんな歌だと思う。

人のつらさ、自分のかなしみをしっかりと味わえるあなた方には、本当にふさわしい歌だと思う。

そんな想いを込めて、歌ってもらえたらと、心の底から思う。
あなた方の「ほろほろと」を創りあげてほしい。

私も、びっくりしました。
「ツタンカーメンの空豆」を植えた後、日本中に空豆を広めた人が行基だったと分かった時には……

そして、その空豆に、だれにも言われず、いつのまにか、支柱を立ててくれていたことに……

すばらしい歌を、創りあげましょう。

涙は、流さないものです

涙は、流さないものです。
文化ホールのステージに上がった時、私は、ひとつだけびっくりしたことがあった。
それは、あなた方、一人ひとりが何と大きく見えたことか……
私は、びっくりしました。

歌が始まりました。

私は、はっきりとは覚えていません。

気がついたら、左手を上げ、「ほろほろと」の最後を止めていました。
時間がたったのか、空気が流れたのか……
気がつくと、本当に終わっていました。
そして、あなた方が立っていました。
そこに、大きく立っていました。
何事もなかったかのように……
そして、何事も乗り越えたかのように……

文化ホールの前で、あなた方に「ありがとう」って言った時……・
しあわせ……いいや、胸がせつなくなって、全てのものに感謝したい気持ちになった。
そんな私を見つめるあなた方が、いた。
私が涙したことで、あなた方の目が光った。そんなあなた方がまぶしかった。

駅への帰り道。
ふだんの夕暮れの風景に、すぐに、あなた方はとけこんでいった。
そして、日常にもどった。
そんな、何気ない風景が、たまらなくあまく感じた。
そして、その時、私は幸せだった。
同じ道を歩く。ただ、それだけのことが、たまらなく幸せだった。
学校の電話が鳴った。
あなた方を見に来てくださった先生からの、電話だった。

あなた方は、たましいで歌っていた。
あなた方は、信じ合っていた。
あなた方は、一人ひとりが、立っていた。
あなた方は、響き合っていた。
あなた方は………。

私は、先生になって、あんなにほめられたことはありません。

聞いている内に、頭がぼーっとしてきました。

そして、受話器をにぎりしめたまま、涙が出てきました。


涙は、流さないものです。


最後の朝の練習で、私は言いました。

あなた方に、どの曲を……と迷っていた時、「ほろほろと」か「寒ブリの歌」か……

覚えていますか。

大ホールを出ようとした時、一人の先生が立っていました。

「板東先生、すごかった。子どもたちの歌と、子どもたちの心と、先生の指揮が、本当に一つになっていました。あんまりすばらしかったから、ずっとここで待っていました。」

その人はね、私が前に「寒ブリの歌」を一緒にした音楽の先生だったのです。

「ほろほろと」
本当に、いい歌にめぐりあえた。
舞台を下りて来るあなた方一人ひとりと握手をした時、
そして、人位先生と握手をした時、

この一月間は、一瞬にとびさり、そして、永遠になった。

涙は、流さないものです。

でも、涙は、流すものです。

8．音楽会「モルダウ」

モルダウに想う

ブルタヴァを渡る風は、湿気を帯び、暑く、そして柔らかかった。
カレル橋を背景に、私はプラハ城を、スメタナ像を、モルダウを、どの角度から眺めれば、心に一番焼き付くのかをさがしていた。
スメタナホールで「モルダウ」を聞いた時、私は、鳥肌が立つことを覚えた。
最後の音が響いた時、遠い11月の音楽会の指揮台が、目に浮かんだ。そして、必ずや、この曲を、この「モルダウ」を、あなた方と歌い上げることを、心に強く誓った。

11月1日……

私の目の前で、奇跡は起きた。


静寂の世界から、密かに響く音色……

人々のモルダウへの呼びかけ、祈り……

豊かな恵みに対する喜び……

ブルタヴァの川面に起きる幻想……

人々の熱い想い……

高き誇り……


その全てを、あなた方は歌い上げた。

心の奥に響き渡るように、熱い血をたぎらせるように、魂をゆさぶるように、

こんな子どもたちは、いるのだろうか……。

そして、あなた方は、それが、奇跡が、あたかも当然の如く、すっくりと、そこに立っていた……。

当たり前であり、当たり前でないことが、そこにあった。

私の目の前で、奇跡が起きた。

楽譜にたくさんのことを書き込んだ。


万感の想いを込めること……

目を閉じて宇宙を感じること、目を閉じて終わること……

全てに感謝すること……


その全てを、いいえ、その全てを超えることが、私の目の前で起きた。


モルダウをして、よかった……

モルダウを、あなた方と取り組んでよかった……

いろいろな想いが、本当に積もる想いが、私の心によぎり、そして一瞬のうちに、私を通り過ぎて行った。

全ての力が、体からぬけていった。


すばらしかった……

モルダウが、どれだけ短く感じたことか……
それは、きっと、あなた方も同じでしょう……

楽しかった……
Ｃｏｄａに入ってからは、私は指揮台の上で歌っていた。
成功したいとか、上手にとかいう想いは消えていた。
ただ、無性に楽しかった。
それは、きっと、あなた方も同じでしょう……。

帰りの車の中で、「モルダウ」を聞いた。
その時も、涙が出た……。
音楽会が終わり、何日も経っているのに、頭の中に「モルダウ」が響く……
そのたびに、まだ、涙が出る……。

奇跡は起きる。
熱い想いを持ち、全てを信じる者の前には、必ず奇跡は起きる。
モルダウ……　本当に最高の演奏でした。

哀しみを込めれば良い

哀しみに胸あふれる者は、その哀しみを込めればよい。

怒りに胸打ちふるわせる者は、その怒りを込めればよい。


喜びが胸にあふれる者は、その喜びを込めればよい。

苦しみが胸を支配する者は、その苦しみを込めればよい。


1968年、8月21日、プラハの街は突然、ソ連軍の戦車に占拠される。

それから、20年以上、チェコの人々は苦しみに耐え、1968年、11月17日、チェコの人々は自分たちの自由を取り戻す。

「プラハの春」、ビロード革命である。


その時、人々の心に響き渡り、それ以来、「プラハの春コンサート」のオープニングをかざる曲……

それが、「My Country（わが祖国）」……


長い人々の思いを、ずっと見続けてきたモルダウの流れ人々の喜び、苦しみ、怒り、哀しみ……
そのそばをずっと流れてきた流れ……

だから、いろいろな想いを込めればよい。
あなたがたも、込めればよい。
世間で評価されがちな、明るい想いだけでなくてもよい。
暗さや重さもあってよい。

私は、そう想う。
私は、そういう想いを込めていきたい。

ただ、想いだけは、込めていきたい。

今まで、いろいろな音楽に、あなた方と出会ってきた。

世界の美しさ……
人生のすばらしさ……

光のまぶしさ

しかし、
人には、いろいろな想いがある……
時の流れは、さまざまな想いを運ぶ……
それが、生きるということだ。

だから、いろいろな想いを込めればよい。

そういう想いのそばを、モルダウは流れ続ける。

そういうものが、そういう存在がある、ということを感じ取って欲しい。

スメタナ自身、自分の耳が聞こえないという、音楽家にとっては致命的な障害を乗り越えて、あの「モルダウ」を作りました。
また、自分が指揮者になりたいという夢をくだかれ、多くの人々の非難の中で「わが祖国」に向き合いました。

決して、自分の想いのまま、あの曲を作ったわけではないのです。
哀しみの中で、苦しみの中で、あの曲を作りました。

だから、あなた方も、今の想いをそのまま込めればよい。
その想いに寄り添い、モルダウは流れ続ける。
この世に中には、そういう大いなる何かがある。
だから、
一人ひとりの想いを、精一杯込めて、演奏しましょう。

そして、その何かを、心で感じて欲しいと願います……

私は幸せ者です

私は、幸せ者です。

今日の児童音楽会の幕が降りた、あの緞帳の向こうで、あなた方と向き合った時、心の底から、そう思いました。

私は、幸せ者です。

児童音楽会の終わった後、５校時・６校時とモルダウをやろうと言うと、本当にうれしそうな笑顔があなた方からこぼれた時、心の底から、そう思いました。

今、一枚の絵を描いています。
自分では「プラハ幻想」と名付けています。
いつか、あなた方にも見せたいと思います。
あせらずに、少しずつ筆を進めています。

私の心が、少しでも、モルダウに響くように……
私の想いが、少しでも、あなた方の心に響くように……
そう願いながら、筆を進めています。

モルダウは、静けさ、いいえ、全くの静寂から始まります。
それは、何一つ聞こえない、そういう世界からの物音です。
やがて、そこに一筋の流れが始まります。

水音が、宇宙に静かに響くように、時折、落ちます。
流れは、少しずつ、そして確かな音をたてながら、その水量を増していきます。

いつしか、その流れは神々しく響きます。
畏《おそ》れ、そう畏れです。
人々は、いつしかその存在に呼びかけます。
そして、祈ります。

ますます水量を増すモルダウは、人々に豊かな恵みをもたらせます。
村娘は軽やかに踊り、牧童は笛をかきならします。

やがて、人々の消えた夜のとばりの中に、川霧がたちこめてゆきます。
その中に、妖精たちが舞い始めます。
霧に隠れそうになりながら、川面に立ち上りながら……
やがて、いつしか朝露が落ち、川霧が晴れわたろうとしています。
妖精たちは、急いで姿を消さなければなりません……
朝が、迫っています……

新しい一日に、人々はモルダウに呼びかけます。

いよいよモルダウは、プラハに流れます。
周りの国々に占領された苦しい日々……
平和に過ごした日々……
あらゆる日々をモルダウは見続け、そして、流れ続けます。
そして、人々は、自由を勝ち取ります。
自分たちの誇りを勝ち取ります。

呼びかけ続け、祈り続けたモルダウに、
人々は、その誇りを高らかに歌い上げます。

それが、モルダウ……

私は、この曲を選んで、本当に良かったと思います。
モルダウは、誇り高き曲です。

モルダウは、遠い空を、宇宙を見上げる曲です。
モルダウは、人の心に深く沁み入る曲です。

あなた方には、このモルダウを高らかに歌い上げる力がある。
あなた方には、このモルダウを美しく響き渡らせる心がある。
私は、この曲を選んで、本当に良かったと思います。
私は、このモルダウに、あなた方と挑んで本当に良かったと思います。

私は、幸せ者です。

9．最後の音楽会

何かが、終わる時、
それは、静かな時の流れになります。
何かが、変わる時、
それは、満ち足りた時につつまれます。

何かを、やりとげた時、
そこに、美しい世界がひろがります。

私は、指揮台の上で、最高の感動をおぼえることができた。
舞台のそでで、マイバラードを聞いた時、それは、ますます高まっていった。
おそらく、あの時間、世界中で私たちほど幸せな者はいなかっただろう。
そう、思います。

緞帳の向こうの世界に、かけあがった時、
きらきらと光る目が、そこにあった。
満足げに、少しゆるんだ口元が、そこにあった。
そして、
静かな時間がそこに流れていた。

私は、緞帳の向こうが静まるまで、あなた方と、時を待った。
何も言わず、でも、あの時の間に、あなた方と全てを語りつくした。
言葉は、時々、要らなくなります。

言葉より、もっとすてきなものがあります。

あなた方といると、時々、そういう大切なものを思い出します。


「本当に、ありがとうございました。」

そう言った時、涙がこぼれました。

あなた方には、一体、何度、泣かされたことでしょう。


本当に、幸せ者だと思います。

「最後の音楽会」と板書して、「最後って、何?」と聞きました。

あなた方は、きょとんとしていました。

「終わり……」「もう無い……」「最初と最後……」

いろんな意見が出てきました。

私は、言いました。

来年も、この学校のどこかの教室で「最後の音楽会」という言葉が出てきます。再来年も、
その次も、その次も…………

そう、「最後の音楽会」は、最後ではないのです。

しかし、あなた方にとって、42人にとって「最後の音楽会」なのです。

だれかが言いましたね。「卒業式」みたいだ。

そうです。音楽会の「卒業」です。


でもね、考えてごらんなさい。

あなた方にとって、これからの時間は全て最後ではないでしょうか。

いいえ、あなた方の一生の全ての時が、出会いであり、そして、卒業ではないでしょうか。


甘くかみしめることができる時を持つのは、幸せなことです。

言葉の要らない豊かな時を持つことができることは、幸せなことです。

仲間のあたたかさを肌で感じることができることは、幸せなことです。

一瞬が永遠に続くように願える時を持つことは、幸せなことです。


そういうあなた方に出会えたことは、幸せなことです。

大いなるもの、美しいもの、真実なるもの
それを求めることは、すばらしいことです。

人の弱さ、哀しさ、痛み
それを感じることができることは、尊いことです。

そういうあなた方に出会えたことは、幸せなことです。

音楽会、本当にありがとうございました。

10．ロードオブザリング

2月14日、「ロード・オブ・ザ・リング（王の帰還）」を見に行きました。すごい迫力で、期待にたがわないできばえだなと感動しました。
でも、原作とは少し違っていました。
J．R．R．トールキンの「指輪物語」では、使命を果たしたフロドが故郷の村に帰った時、かつて指輪の仲間に追い出された敵の一人が、故郷の村に先回りしていたのです。しかし、以前はやっつけるのにあんなに苦労した敵に、フロドは簡単に打ちかつことが出来るのです。つまり、フロドは旅の中で大きく成長しているのです。そして、その結果、故郷の村のヒーローになります。

そして、そのことがフロドを苦しめるのです。苦しい旅の中で、何度も夢みた故郷の村は、今のフロドの本当に休まる場所ではなくなっているのです。それは、フロドが、その旅で別な自分に生まれ変わっているからです。だから、フロドは西の方に旅立ちます。

「指輪物語」は「行きて帰りし物語」と言われています。指輪を手に入れたフロドが、旅に出て、そして使命を果たし、帰ってくるからです。

でも、行きて帰ると、それは、別なものになっているのです。言いかえれば、「行く」ために、スタートをきった時点で、それは、別なものに生まれ変わっているのです。

何かに踏み出すこと……

それは、新しいものが生まれることなのです。

トールキンは、指輪物語で、そのことが言いたかったのだろうと思います。

昨年、6月10日、ミミズコンポストが設置された日、いいえ、私が黒板に「ミミズを飼いませんか。」と書いて、あなた方がうなずいた、あの瞬間から、あなた方は新しい道を歩き始めたのです。誰も歩いたことがない道を……

私はね、踏み出すことに意義があると思う。

そして、歩き続けることに意義があると思う。

誰も歩いたことがない道だから、ゴールは見えない。

でも、その道に一歩踏み出したことにこそ、本当に意義があると思う。

それは、確かにあなた方を変えたと思う。


いろんな新聞が取材に来ました。

「どの場面が、印象に残りましたか。」

それは、何と言っても、夏場頃、ミミズコンポストからにおいがしてきた、あの時期です。

あなた方は、それでも止めようとしなかった。私は、本当にすばらしい子どもたちだと、心の底から、そう思いました。そして、いろいろ考え、いろいろ試しながら、そこを乗り越えていきました。

あなた方は、歩み始めているのです。


「ロード・オブ・ザ・リング」の映画では、原作にある登場人物が一人省かれています。

トム・ボンバディルです。

このトム・ボンバディルは、この世の一切の影響を受けない人です。森の中で暮らし、どんな人にもなびきません。一人ですが、本当に自由な人です。だから、指輪大戦争やフロドの使命達成にも、直接関わらない人だから省かれたのだろうと思います。

でも、もし、世の中が彼みたいな人ばかりなら、いいえ、もし、彼みたいな人と出会えるチヤンスがあれば、指輪をめぐる争いもなくなるだろうと思います。

人は、自由でなければいけないのです。


あなた方と、みなくるランドで、「何もしない時間」を過ごしました。

あれは、楽しかった。豊かな時間だった。

私は、はとが羽ばたくと、あんなに砂けむりがたつということを、初めて知りました。

私たちは、いつも、何かをしなければと焦っていますが、本当は何をしているのでしょう。

何もしないと見えてくることがありますね。


自由とは、そんなものです。

指輪物語…………


いつか、是非、読んでください。

私は、3回読みました。


私が担任した小学生も、もう、6，7人は読み終わりました。

11. 4年生の終わり

去年の4月に、あなた方の前に初めて立った時、にぎやかな子どもたちだなと思いました。
何がおもしろいのか分からないけど、ともすると、そこに笑っているあなた方がいました。
わたしはね、そんなあなた方を見て、おもしろそうだなと思いました。

いろんなことをしてきました。

そして、時間がとぶように過ぎていきました。

わたしはね、いったい、あなた方に何を伝えることができたのだろう……
ふと、そう思う。

わたしはね、いつも、自分が担任したクラスでは、「本物に出会わせたい」と考えている。
それはね、こういうことです。

算数の時間に、わたしはいつも言っていたでしょう。一つの答で満足してはいけない。すると、あなた方はいくつもの解き方に挑戦していました。時々、わたしがノートに落書きしたら、その解き方に夢中になっている姿があったでしょう。

それが、クラスの中をどんどん伝せんしていくようになったでしょう。

あの時ね、確かにクラスの中に、何かが走っていったのです。

それがね、本物です。

理科の時間に、誰かが言ったじゃない。「水は蒸発して、水蒸気になります。」って……あれは、正解でした。

でも、続いて誰かが言ったじゃない。「でも、それで何が分かったんだろう。」

実はね、本当はこっちが正解。言葉で知るのではなく、体で実感できること。

それがね、本物です。

社会の時間に、生田川、考えたよね。おもしろかった。今の地図と100年前の地図を重ね合わせると、見えてくるものがありました。あなた方は、あの話し合いに夢中になった。あの時ね、たしかにこのクラスの空気は、100年という時間の中を動いていたのです。

それがね、本物です。

国語の時間に、井上先生と「ごんぎつね」をしました。みんな、ものすごい勢いでしゃべっていました。ものすごい勢いでノートを書いていました。実はね、井上先生が後で「すっごく、気持ちよかったです。」と言われていました。夢中になることは、楽しいことなのです。

それがね、本物です。

本物に出会うことができるのは、本物を目指す人だけなのです。

本物を目指すことは、楽しむことなのです。

楽しむことは、真剣に立ち向かうことなのです。

真剣になることは、あたたかいことなのです。

あたたかいことは、信じ合うことなのです。

わたしはね、このクラスのあちこちでそういうものを見かけました。

本物に出会うためにはね、

いい耳を持ちなさい。人の心の声が聞こえるように……

いい目を持ちなさい。自分の心の輝きがうつしだせるように……
いい鼻を持ちなさい。善いことと悪いことがかぎわけられるように……

手で感じなさい。ものごとの中心をつかみとりなさい。
足で知りなさい。遠くからものごとを見つめなさい。
頭を働かせなさい。とぎすまされた感性をみがきなさい。
心をゆさぶりなさい。柔らかさの中に強さを見つけなさい。

そんなことが、伝えられただろうか……
…………一年間、ありがとう。

12. どんなことがあっても、私は人生に「イエス」と言う

どんなことがあっても、私は人生に「イエス」と言う。

去年、ふと目にした新聞にのっていました。そして、なぜか、その言葉が私の心に残りました。

記事を読んでみると（しっかりとは覚えていないのですが）、これは外国のある女の人の言葉なのです。この人は、とても才能が豊かな人で、映画の監督をしていました。戦争の少し前にドイツで行われたオリンピックの記録映画をとった人です。映像はとてもすばらしかったのですが、戦争のこともあって、この女の人は世界中から非難されます。（くわしいことは、6年生になって歴史で勉強してください。）映画自体は美しいものだったそうですが、この人はつかまって、世界中の人から相手にされなくなります。そして、何十年もたって、再びこの映画の良さが認められます。でも、この人はもうすっかり年をとってしまっていました。

そして、死ぬまぎわに、この言葉を残します。

どんなことがあっても、私は人生に「イエス」と言う。

私は、この言葉が去年、一番、心に残りました。

何か、いやなこと、つらいことがあっても、自分が生きていることを大切なことだ、すばらしいことだ。そう、思いなさい。この言葉にはそういう思いが込められています。そして、これはすばらしいことだと思います。

言葉が、心につきささることがあります。

言葉が、心を支えることがあります。

そんな、言葉をたくさん持ち、大切にしていきましょう。

どんなことがあっても、私は人生に「イエス」と言う。

この言葉を、あなた方に、そして、この「手紙」を大切に思ってくれる方に送ります。

12. 感動する、やわらかい心を持ちなさい

感動する、やわらかい心を持ちなさい。

この一年間、あなた方に言いたかったことを、一言にまとめれば、そういうことになるだろうと思います。

何かに、いつも前向きに向かい合い、決しておそれず、わくわくしてそれに立ち向かいなさい。そして、感動なさい。自分が立ち向かったものに、それをなしとげたことに、それをやりとげた自分自身に。

いつも、心をやわらかくしなさい。心をほぐしなさい。美しいものを見、美しいものを聞き、そして、よいものを読みなさい。

体をうごかしなさい。土をさわりなさい。汗をかきなさい。けんかをしなさい。思い切り、泣きなさい。おこりなさい。腹の底から声をふりしぼりなさい。口を大きく開けて、笑いなさい。

それらが、全部、心をやわらかくします。

やわらかい心は、鉄よりも強いのです。


列をくずしなさい。


いつもいつも、列をつくっていては、いけません。

自分の思いに正直になることです。

見たい、聞きたいという思いを強く持つことです。

受身になってはいけません。

全てのものの中から、本当に価値あるものをかぎわける、するどい鼻を持つことです。自分に自信を持ち、自分と周りのちがいをきわだたせていくことです。

だから、列をくずしなさい。

そして……

群れなさい。

価値あるものには、おそれず、立ち向かいなさい。
一年間、いろいろなことをしてきました。

覚えていますか。

明石川に行った時、あなた方は、ズボンまでぬらして水の中に飛び込んでいった。図工室から家庭科室まで物を運ぶ時、あなた方はいつも息をはずませて、階段をかけ上っていった。ジャズの曲を初めて聞いた時、恥ずかしがらずに、そのリズムにおどった。

ムーン・パルス・イン・オシベ……

私たちはね、そういうあなた方を、ずっと見守ってきました。
正直に言いましょうね。本当は心のすみっこの方で、くすっと笑っていたのです。ごめんなさい。あなた方が、次はどんなことをするんだろうと、私たちはいつもわくわくしていたのです。そして、あなた方のすることは、いつも、そうした私たちの予想をはるかにこえることばかりでした。だからね、思わず笑ってしまったのです。
あなた方は、いつもあたたかかった。その中にいると、本当に楽しかった。何だか、やわらかい風につつまれた気分だった。そういうふしぎなムードが、あなた方にはあります。泣いた人もいました。でも、その涙は熱いものだったと思う。だから、私たちの胸を打ちました。みんなが帰った後も、私たちはずっとその話をしたものです。だから、あなた方のなやみは、決してあなた方だけのなやみではなかったのです。

いつも、あなた方のことを考えている仲間がいるのです。あなた方には、そういう魅力があります。だから自信を持ちなさい。

あなた方は、本当に、私たちの宝物でした。

一年間、本当に幸せな時間をすごせました。

心の底から、おれいを言います。

ありがとう。

14. それが、愛です

時々、伝えたいことを、ふと、書きます。

決まった日程で書かないし、あなた方、そして、お家の方への思いがたまったら、書きます。

だから、手紙です。

「夜回り先生」って、知っていますか。

本名は、「水谷　修（みずたに　おさむ）先生」

横浜の定時制高校（夜に通う高校）の社会科の先生です。（正確には、でした）

この先生はね、夜、高校の勉強を教えた後にね、夜の町に出て行くのです。そして、夜遅くまで遊んでいる高校生や中学生に、「早く、帰りなさい」って声をかけて回っているのです。

だから、「夜回り先生」

この先生が、神戸にやって来てお話をしてくれるというので、行って来ました。

1時間半の話だったけど、私は本当に短く感じました。

そして、泣きました。（……ちなみに、私は泣き虫です。）

本当の話だな、と強く思いました。

かんたんに言うとね、「どの子も、ほめられなければいけない」ということなんです。

私はね、今、本当に心の底から、水谷先生の言うことは正しいなと思います。

どの子も本当にほめられなければいけない。
それはね、あなた方の目を見て、そう思う。
いい目をしている。
すんだ目をしている。
そして、私を見つめている。

私は、そういうあなた方の目にこたえなければいけない。
あなた方の輝く目にこたえなければいけない。
心から、そう思う。

水谷先生は、子どもに対し、一度も怒ったことがないと言います。
子どもは、だれでも話せば分かるものです。
そう、言われる。

私は、ちょくちょく怒る。（……ちなみに、私はおこりんぼです）
でも、「子どもを怒るのと、ほめるのでは、どちらが多いか」と聞かれたら、私は自信を持って「ほめる方です」と答えます。

私は、あなた方を見ていて、（見るということは、何をしているかを見ることではありません）、あなた方、一人ひとりの思いをずーっと考えてみて、本当にすてきだなと思う場面をいくつも、発見しました。

だから、私は幸せ者だと思います。


水谷先生が、講演会の最後に言われていました。

「子どもは、全ての大人の夢です。どうか、子どもたちに、やさしさと愛をあたえてください。

やさしさと愛は、あたえることで減りません。

それは、あたえることで増えていくものなのです。」


桜の花が散り、そして、山が緑につつまれてきました。

季節が、移ろうとしています。

ふだん気付かないものが、いつも、あなた方をつつんでくれているのです。

それが、やさしさです。


朝、ねむいです。

でも、人は必ず目をさまし、笑い、怒り、泣き、食べ、そして、ねむります。

そういうあなたを（毎日しんどいなと思っているあなたを）、いつも見守ってくれる人がいます。

それが、愛です。

15. 最後の手紙

この3年間、本当にいろいろなことをやってきました。

その一つひとつを、あなた方と創り上げ、そして、乗り越えてきました。

でも、何と言っても、私の心に永遠に残るのは、そう、モルダウだろうと思います。

今までいろいろなことを乗り越えるたびに、そこに力が湧き、新たな目標が生まれてきたものです。

でも、モルダウは、違った。

終わった時、本当に燃え尽きた、と感じました。

指揮をしている途中から、心がわくわくしてきて、それで、曲が終わった時に、体中の力が全て消えてしまったように感じました。

これは、今までに経験したことが無いような感覚でした。
やり終えた……。
終わった……。

卒業式を、明日に控える、今、子どもたちとこんな経験ができた人が、果たしているだろうか……。
私は、心の底から、そう思います。

春日野の歴史を創ろう……。
4月に、そう、呼びかけました。
でも、歴史は創るものではない。真っ直ぐに歩いた者の前に、歴史は開かれるのだ。
今、そう思います。
あなた方は、歴史を創り上げました。
確かに、その通りです。
あるいは、あなた方の前に、歴史の扉が開かれたのかもしれません。
そういう歩みを目の当たりにできたこと、光栄に思います。
人は、不器用でなければならない。

今、本当にそう思います。

私に怒られながら、でも、目を輝かせて食らいついてきた、あなた方の足跡を思いながら、本当に、そう思いました。


人は、輝いていなければいけない。

今、本当にそう思います。

私に怒られながら、でも、ふらふらになりながらもすがりついてきた、あなた方の瞳を見ながら、本当に、そう思いました。


人は、生きていなければならない。

今、本当にそう思います。

私に怒られながら、でも、自分自身の言葉を失くすことなく進み続けてきた、あなた方の歩みを見ながら、本当に、そう思いました。


運動会のソーランや組体操の後、音楽会の後、あれだけの演技や演奏をしながら、ほとんど涙を流すことなく、やりおえたあなた方……すばらしいと思いつつ、普通の担任として、少し不満な気分もありました。

でも、あなた方は違いました。

なぜ、泣かなかったの……

だって、最後まできちんとやり遂げたいから……


私の想いのはるか上を行くあなた方です。

卒業式の最後の練習で、あなた方の前で「巣立ちの歌」を歌った時に、思わず涙ぐんでしまった私のはるか上を行くあなた方……。


モルダウの後、燃え尽きてしまう体験は、28年間の教師生活の中で、本当に初めて味わうものでした。自分自身の知らない世界があることを、あなた方に教えてもらいました。

この3年間、あなた方のそばにいることができて、本当に光栄でした。

ありがとうございました。

16. 未来へ

私は、あなた方が卒業したら、この春日野小学校に戻って来ることを望みません。

あなた方は、未来に生きる人たちだからです。

私は、あなた方が卒業したら、私のことを思い出すことを望みません。
あなた方は、未来の出会いに輝く人たちだからです。

この3年間、あなた方のために私にできることは、全て成しとげました。
私の伝えられることは、全てあなた方の心の中に芽吹いています。
だから、もう私を振りかえることはありません。

あなた方は、これから出会う人たちとの出会いを大切にしていきなさい。
そこには、無限の可能性があります。
自分自身の力を信じなさい。
見せかけではなく、たましいの底にひそむ、あなた方の本当の力を信じなさい。
あなた方が汗を流すことで、きたえあげてきた心の強さを信じなさい。
じっと耐える中で、真なるものを見分けることができるようになった目を信じなさい。
未来を生み出すことは、若者だけに許された特権です。
夢を信じる力を持つ人にだけ与えられた特権です。

自分を信じ、仲間を支えることができる者だけが持つ特権です。
あなた方には、それができます。

もう、春日野小学校を振り向くことはやめなさい。
前を向いて、足を進めなさい。
自分の未来を見すえて、まっしぐらにかけなさい。

それが、「卒業」という意味です。
過去には、あたたかさがあります。
思い出は、どこか、甘い香りがします。
でも、まちがえてはいけません。
あなた方が生きるのは未来であって、決して過去ではないのです。

今、日付けが3月23日から、3月24日に変わろうとしています。
いよいよ、あなた方とお別れする日がやってきました。

卒業式……

あなた方が、この学校から卒業する日であり、私から卒業する日でもあります。
そして、
私が、あなた方から卒業する日でもあるのです。

あなた方は、未来に生きなさい。
大きな出会いを、つかみとりなさい。
自分を、そして、仲間を信じて行きなさい。

振り返らず、前を見なさい。
息を胸いっぱい、吸いこみなさい。
大きく、つばさをひろげなさい。

あなた方には旅立つ力は全て備わっています。
目を閉じて、風を感じなさい。
心の中で、時を数えなさい。

さようなら
旅立ちの「とき」です。

17. なぜ、草を抜くのか

昨日は、どのクラスも本当にご苦労様でした。きっと、くたくたに疲れただろうと思います。つめの中まで真っ黒になりながら、本当にきれいな畑になりました。きっと、どの学年も気持ちよくサツマイモを植えることができるだろうと思います。

きのう、あるクラスからこんなことを聞いたのです。そのクラスはね、先週も少し草抜きに行ってくれたんです。それが土、日をはさんで、3、4日ぶりに畑に行ってみると、もう草がいっぱいはえていたんだって。その人たちは、植物の生命力のすごさに驚いていました。ただね、考えてみてほしいのです。みんながかんばった草抜きというのは、あまり長持ちしないことかもしれない。また、すぐに、同じ事をしなければいけないかもしれない。もし、そうだとしたら、みなさん、どうですか。もうあんなしんどいことはいやですか。草はすぐにはえてきます。

ある人に聞きました。サツマイモはじょうぶだから、草なんか抜かなくても、へっちゃらなんだそうです。そうだろうと思います。でもちがうと思います。

それは、こういうことなんです。サツマイモや野菜に対する思いやりです。

草を抜いていると、当然、そこに植えている野菜に目が行きます。元気かい。と、声をかけてあげたくもなってきます。この声を聞いて、野菜は大きく育つのだろうと思います。おまえも毎日がんばっているな、なんてはげましたくなります。

でも、みんなは気がついているだろうか。こういう気持ちになった時、私たちの心は大きく育っているのです。草抜きに行くことは、自分の心を育てていくことなのです。

畑には土があります。ふだんのくらしの中で、みんなあれぐらい土をにぎりしめることがあるだろうか。草の根っこを抜こうとすると、みんなすごくしんどかったと思う。根は、土にしがみついている。そういう自然の力を、みんなはふだんの生活の中で感じることがあるだろうか。

草抜きをするあなたがたの姿を見ていました。初めは、確かにおしゃべりをしている人もいました。でも、しだいに何も言わなくても、みんなの口数も減ってきました。人間も自然の一部です。自然と向かい合っていると、知らないうちに自然と自分の境目がはっきりしなくなってくることがある。静かな、何かしら、豊かな世界を感じることがある。そういう時を持てるというのは、本当にすばらしいことなんです。

土のにおいをかぎ、爪の中まで泥だらけになり、土の温かさとひんやりとした冷たさを感じ取ることができた時、そういう世界を感じることができるはずです。

心が落ち着かない時、草抜きをするといいんです。何かで迷っている時、草抜きをするといいんです。友達とけんかした時、草抜きをするといいんです。悲しい時、苦しい時、うれしい時、幸せな時、草抜きをするといいんです

ちっぽけな草を抜こうと格闘していると、いつのまにか、自分自身が大きな自然を相手にしていることに気がつきます。自分の方が、小さく感じられます。そして、自分自身も自然の中にとけこんでいきます。そういう時は、たいていのことは、片付いていきます。

草を抜くということは、自然と話をすることです。自然と話をするということは、自分自身を見つけるということなんです。

だから、草を抜くというのは、サツマイモのためでもなく、野菜のためでもなく、学校のためでもなく、先生のためでもありません。それは、自分のためなのです。自分の心を少しずつ少しずつ豊かにしていくことなのです。

宮沢賢治という作家を知っていますか。『銀河鉄道の夜』とか『風の又三郎』なんかを書いた人ですね。

あの人は、文章も書きますが、実は先生もしていたのです。そしてね、その教室の黒板には、

よくこう書かれていたそうです。

「ウラノ畑ニイマス。」

すばらしいと思います。

6年生のみなさん、きのうは、本当に、ありがとう。

18. 山田の保育は、緑に映えます。

女の子が、遊具の上で大声で泣いていました。

先生が声をかけました。

泣き声は、もっと大きくなりました。

男の子が声をかけました。

泣き声は、もっともっと大きくなりました。

ためしに、先生が教室に戻りました。

泣き声は、少し小さくなりました。

ためしに、男の子が教室に戻りました。
泣き声は止み、女の子は急いで遊具から降り、教室に走りました。
そんな様子を、山の緑が大きく見守っていました。

山田の保育は、緑に映えます。

山田の保育は、土に詩《うた》います。

幼稚園のテラスを覗くと、水槽の中に何やらぶつぶつがあります。
何かな、
たずねてみると、カエルの卵です。
よーく見ると、卵の中に小さいおたまじゃくしがのぞいています。
土曜参観の代休日、
水槽の中は、小さいおたまじゃくしがうじゃうじゃでした。
明日はきっと、水槽の周りでみんなの笑顔がはじけるでしょう。

山田の保育は、土に詩います。

山田の保育は、緑に映えます。

山田の保育は、土に詩います。


「今日は、いちごがたくさん実ったから、ぜひ取りに来てください。」

「カエルの卵を、持ってお帰り。」


山田の保育は、人をつなぎます。


子どもたちが、カエルを探しに行きました。

なかなか見つかりません。

「そうだ、カエルになってさがしてみよう。」

すてきな、アイデアです。

「知ってる。男の子のカエルはゲロゲロ、女の子のカエルはケロケロって鳴くんだよ。」

みんなでカエルになって、さがしました。


ピョンピョンはねては、キョロキョロさがし、

抜き足差し足、そうーっと、そうーっと
男の子は、ゲロゲロ。
女の子は、ケロケロ。

見つかりました。

山田の保育は、緑に映えます。
山田の保育は、土に詩います。

山田の保育は、人をつなぎます。

田んぼに水が張られ、水面に緑が映ります。
柔らかい風に、水面の緑が気持ち良さそうにゆれています。

19. アインシュタイン・ロマン……

ずっと、昔、テレビで「アインシュタイン・ロマン」という番組がありました。

宇宙や時間、科学に関わる不思議な世界が繰り広げられていました。


ボールを一つ持って、壁に投げつけたとします。

どうなるでしょう。

もちろん、はねかえりますよね。

でも、本当に小さな世界、難しいけど原子や分子などという世界ではね、何万回か投げると、
その中で何度かボールは壁をすりぬけるのです。

これをトンネル効果と言います。


不思議ですね。


ブラックホールという言葉は、聞いたことがあるでしょう。

そこは、全てのものをのみこんでしまい、光さえ脱出することができない場所……

だから、黒い（暗黒の）穴、で、ブラックホール。

でも、黒があるのだから、反対の白は……。

あるのです。

ホワイトホール

そこからは、あらゆるものがでてくるばかりで、決して中に入ることができません。

だから、ホワイトホール。

ブラックホールとホワイトホールはつながっていて、ブラックホールに入り込んだら、ホワイトホールから出ていくことになるそうです。

でも、出口はこの宇宙ではなく、別な宇宙。


不思議ですね。

アインシュタインという名前が、重力波の発見のニュースとともに出てきました。朝会でも、アインシュタインについて話しました。

アインシュタインの予言が、１００年たって証明されたのです。


彼は夢の中で、すごい発見をします。

それは、時間の流れ方は、どこでも同じではないということです。

速く進むと、時間の進み方は遅くなります。

光速で飛ぶロケットに乗って、遠い星まで往復すれば、地球では何万年もたっているのに、ロケットの時間はほんの数年……。

だから、浦島効果と言います。

不思議ですね。

アインシュタインは、この世にある全ての力をたった一つの式に表すことに挑戦しました。

アインシュタインは、こう言います。

「この世の中は、とてもシンプルで美しい。」

世の中には、不思議なことがたくさんあります。

でも、それをシンプルにとらえ、常識にとらわれずに、その根底にある決まりに挑戦し、克服していくのは、人間の豊かな発想力と創造力です。

そして、好奇心です。

あなた方一人ひとりには、アインシュタインと同じ、豊かな発想力と創造力と好奇心があります。

いろいろなことに関心を持ち、そのおもしろさを見つけていくことです。

アインシュタイン・ロマン……

あなた方に出会ってほしい人は、まだまだいます。

「何もしない時間」

学校は、何かをする時間で埋め尽くされている。

だから、教室から飛び出す子がいると、まるで真空がその存在を否定するかのように、教室に引き戻そうとする。何かがあり、例え、それは教室に起因するものにしろ、自分自身に起因するものにしろ、そこに飛び出すに値する原因が存在し、そこにその要因がまだ現存するにも関わらず、指定席に戻すことが優先される。

それを解決するのは、時間であり、場である。空気である。

学校に、もし、何もしない時間と場があれば……

「何もしない時間」……

その発想は、こういうところから生まれた。

かつて、農園地域の学校に勤務した時、子どもたちと草抜きに出かけた。大きな畑に行き、そこでひたすら草を抜いた。初めこそ、子どもたちを叱り、声をかけて、そう勤労生産的な時間として、活用しようとした。しかし、それは単なる学校用語に過ぎなかった。

子どもたちと草を抜き、汗を流す中で、声は消え、雑念を捨てることができた。そしてそこには発見があった。ふだん届いているはずで意識に上らない音が聞こえ、目にしながらも見ていないものが見え、土のあたたかさに言及する子どもさえいた。

それは、豊かなものだった。

埋め尽くすのではなく、開放することで、手放すことで、得るものがある。

形や点数にはあらわれないが、確実に手にすることができるものがある。


学校は、子どもたちを豊かに育てる場ではないのだろうか。

与え、与え続けることで、やせてゆくものがある。

手放すことで、肥ることがある。


草抜きに費やす時間。むろん、理屈で考えれば時数がその分減る。

ましてや「何もしない時間」を設定すれば、その分減る。

しかし、「何もしない時間」は自分自身を見い出す時間である。また、生き方にめりはりをつける時間でもある。

ひるがえって言えば、学校内の時間の流れに一石を投じ、その在り方自体を問う時間である。

「与え、与え、与え続ける時間の流れ」から「自ら求める時間の流れ」への分岐点になる時間である。与え続ける時間設定の中には「何もしない時間」は存在しえない。自ら学び、求めようとする、新たな学校時間の中にこそ、「何もしない時間」は生まれ、そこに価値が光る。

今、学校には新たな価値観が必要である。

学校は、数々の教育問題にさらされ、その対応に時間がさかれる。学校全体が問題対応の機関になりつつある。学校自体が、与えられる存在になりつつある。

学校は、教育の場である。教育は、創造である。与えられる存在である学校に、教育という創造が可能であろうか。答えは、否である。

しかし何よりも問題なのは、教師自身の創造の翼が失われつつあることである。前述の対応に追われることは無論のこと、一見、熱心に見える教師は夢中で教育方法に習熟しようとする。マニュアルを手に入れ、明日を費やすことのみに目をやる。

教師の頭の中にうずまく知性の光がパソコンソフトに置き換えられ、胸に宿る情熱が平均化へとさらされる。子どもを考える存在ととらえるのではなく、伝える相手ととらえてゆく。教材に胸躍らせて取り組み、その根底にあるものをさぐるのではなく、表面のみをいかに伝えるかのみに踊らされてゆく。

これこそ、まさに与えられるものではないだろうか。教師自身が、教育を手放そうとしている。

そこに、社会の要請が入る。問題対応しかり、教育評価しかり、
教育から、創造が奪われつつある。
だから、「何もしない時間」が輝く。

「安保闘争の授業」関連

1．安保闘争の授業に至るまで

社会科の学習に子どもたちが主体的に取り組むために、資料をいかに活用させるかをテーマに取り組んだ。歴史学習では、資料からその時代に生きた人々の願いを読み取らさなければならない。為政者の歴史ではなく、民衆に視点をすえた、民衆の痛み、苦しみ、喜び等に共感できる授業づくり、それが目標であった。時代や事件に共感できるようにするには、授業で子どもたちをそこまで追い込まなければならない。

武左衛門一揆の授業で、子どもたちは一揆の資料（読み物）を読み、「農民は苦しかっただろう」とか「農民は食物に困っただろう」とか、言葉は出た。しかし、何かが足りない。子どもたちの心を極限状態に追い込むもの。授業後の検討会で、それは数字だと指摘された。米の取れ高、年貢の割合、凶作の状況、それを冷徹な数字で提示し、子ども自身の手で計算をさせ、本当に食えない、来年のもみが無いということに追い込むこと。その上で読み物にあたらせたらという指摘を受けた。

米騒動、女工の苦しみ等々実際に数値を挙げて、子どもたちに考えさせた。子どもたちは、かけ算をし、ひき算をする中で、当時の人々の生活に同化していった。そして、「やりきれない」という言葉を残した。

第2次世界大戦は自分で史料を集めさせた。本の抜き書きの発表にはあまり関心を示さなかった子どもが、町内の空襲の話には耳をそばだてた。空襲から逃げた古老のテープの声に、思考を集中させた。

そして、本時（安保闘争）の学習を迎えた。

2. 授業（安保闘争）の流れ

子どもたちは、国内に外国の基地があることと憲法9条の条文との矛盾にすぐに気付き、「（憲法9条があるのに）国内に外国の基地があるのはどうしてか」という課題を導き出していった。

日本国憲法については、すでに「新しい憲法」のところで、全条文を読ませ感想を書かせていたので、本時は安保条約の条文だけを読ませた。その結果、予想通り、「日本が戦争にまき込まれる恐れ」「憲法で武力を持たないと決めているのに」という声があがった。また、「基地周辺の人はさぞ不安だろう」とか「基地で実験をしたら恐い」というように基地周辺の人々の心情にまで迫る意見が出てきたのには驚いた。

さらに当時の人々の気持ちを考えさせると、大半の子どもが条約の改定に反対しただろうと指摘したが、その内の2名が、「アメリカに守ってもらえるから喜んだのではなかろうか」とか「アメリカが怖かったんじゃなかろうか」という意見を出した。私は混乱した。国会周辺を取り巻く安保闘争の写真を見せ、当時の人々は反対しただろうとまとめるつもりでいたのに、写真から引き出した意見は「賛成の人と反対の人がいたのだろう」「賛成している人のまわりを反対派が取り巻いているのだ」というものになってしまった。私は史実として、この写真に写っている人は反対の人が多かったようだと指摘し、さらりと流すことにした。このことについては、後の検討会でもいろいろ指摘も受け、自分自身よく考える点になった。

現代への影響については、基地周辺の人々の不安という意見が出ていたので、それを取り上げた。もう一点、安保条約を通した日米間のつながりが、当時問題になった国連平和協力法案の引き金になっているのではと言及した子がいたのには驚いた。

3. 授業を終えて

検討会では、大きく二つの意見が出された。一つは歴史的価値の定まっていないところを取り上げたこと。二つ目は安保反対の人々の気持ちに十分迫れていない（既述の2名の意見等）

ことだった。

指導案にも断ってある通り、確かに安保闘争についての歴史的価値はまだ定かではない。しかし、子どもたちは民衆の願いについて古代からずっと考え、資料を通して人々の気持ちを考えてきた。戦後あれだけ国民をまき込んだ事件について、民衆の願いを考えることは当然の帰結であり、あの場面を取り上げることについて、何ら違和感は覚えなかった。

安保反対ではなく、むしろ賛成のような（アメリカの傘下に入ることを称讃するような）意見を取り上げたこと。いや、取り上げざるを得なかったこと。これは、どうだろうか。

私としては、反対意見を多く求めたい気持ちはあった。しかし、振り返って考えてみると、子どもたちが賛成の意見を少数ながら出したということは、本当に当時の人々の気持ちの一部を言い当てていたのではなかろうか。それだけ子どもたちは言葉の上だけでなく、当時の人々の心まで同化していったのではなかろうか。

歴史の学習は難しい。資料の内容、提示の仕方等々、ほんの少しのことで、子どもたちの思考が変わる。しかし、民衆の視点をしっかりすえた資料を提示すれば、子どもたちは真剣に考え、教師の予想をはるかに超える考えをするものだということを、今回の授業で学んだ。

「安保闘争」社会科学習指導案

指導者　神戸市立樝谷小学校　板東克則

1. 日時　１９９０年11月16日（火）第５校時
2. 単元「日本の独立とその後のあゆみ」
3. 目標　第２次大戦の後、日本が戦後の復興をとげていく過程を考えることを通して、平和で豊かな国をつくりたいという人々の願いに気付かせる。
4. 指導にあたって

○歴史を動かす力は民衆である。戦後、敗戦の混乱の中から、日本が復興をとげていった背景にも民衆の力が大きく働いている。戦後の日本で、人々は何を考え、何を求めて模索してきたのであろうか。全国民をまきこんだ安保闘争にはそうした国民の願いが象徴的に表れていると思われる。現在でもその歴史的価値は定まっているとは言い難いが、この闘争にかけた人々の願いを考えることにより、現代日本の民主主義の在り方、政治と国民の関わりを問うていく手がかりになると考えている。

○子どもたちは歴史の学習を通して、歴史の節目には必ず民衆の力が大きく働いていることを学んできている。それぞれの事件の中で、その時代に生きた人々の気持ちやねがいを考えてきている。しかしながら、歴史的事件が現在の生活にどう結びついているのかを実感しているとは思えない。

○そこで指導にあたっては、戦後の日本に起こった数々の事件を取り上げ、その中の人々のねがいを考えさせるとともに、その事件が現在の私たちの生活にどう結びついていくかを考えさせ、歴史が現在に与える影響を実感させたい。

安保闘争は、いうなれば〝現代の一揆〟であり、安保条約の内容はもとより、闘争することで、民衆が政治に直接意見を訴えていったということ、つまり、政治は世論をはなれて成立しないということをつかませたい。

5. 指導計画（全9時間）

立ちあがる人々

占領軍……………………1時間

新しい憲法………………1時間

大きな改革………………1時間

日本の独立とその後のあゆみ

朝鮮戦争…………………1時間

独立（サンフランシスコ講和条約）……1時間
安保闘争……………………………1時間（本時）
経済大国……………………………1時間
沖縄返還……………………………1時間
今日の日本と世界…………………1時間

6. 本時の学習

目標　安保条約と憲法を読みくらべることにより、多くの人々が安保闘争に参加したわけに気付かせる。

展開

児童の活動	指導上の留意点	資料
1. 写真や分布図を見て、気付いたことを話し合う。	・基地が国内にあることから、戦争放棄を訴えた憲法との矛盾に気付かせる。	米軍基地の写真 分布図
2. 米軍基地が国内にあるわけを考える。	・サンフランシスコ条約時の締結をソ連が拒否した理由に安保条約があったことを思い出させ、冷たい戦争との関連につなぐ。	

3. 安保条約と憲法を読みくらべて気付いたことを話し合う。	・戦争に引き込まれるおそれや国内の米軍基地が残ることなどを、憲法9条の内容と比べて考えさせる。	
・気付いたことを発表する。		
・安保条約が改定される時の人々の気持ちを考えさせる。	・世論が政治に大きな影響を与えたことを想像させ、当時の人々の平和への願いに気付かせる。	安保条約条文
・なぜ政府は反対の多い安保条約を結んだのか考える。	・日米間の協力を保ちたいという政府の考えに気付かせる。	安保闘争時の国会周辺の写真
4. 安保条約が現在の日本に与えた影響を考える。	・現存する米軍基地などから、現在の日本にも安保条約が直接いきていることに気付かせる。	基地周辺の写真

「やまなし」をどう読むか

やまなしを読むときに、私が一番考えておきたいのは、この物語の構図である。

この物語は、二枚の幻燈の絵をもとに、語り手が聴衆に向かって話しかけているという構図である。案外、こうした構図が顧みられることは少ない。

「小さな谷川を写した、二枚の青い幻燈です。」

この語りによって、聴衆は、そして読者は、幻灯の世界にいざなわれることになる。五月の場面が語られ、十二月の場面が語られる。そして、「私の幻灯はこれでおしまいであります。」という語りによって、物語は締めくくられる。

つまり、一行の導入、五月の場面、十二月の場面、一行の締めくくり、という構図である。分量からして、二つの場面に力点が置かれることは当然なのだが、果たして、この一行ずつには、どういう意味があるのだろうか、という点は考慮されるべきである。

私は、この二行を、現実世界と仮想世界の橋渡しであると読む。幻灯が始まる前は、当然、聴衆は現実世界に住む。そして、仮想の世界に遊ぶ。この仮想の世界の雰囲気を醸し出すのには、幻灯という素材はうってつけではなかろうか。私は、この語りは賢治ではないかと考えている。賢治は現実世界でもなく、仮想世界でもなく、その橋渡しの世界に生きていると読むべきだと考えている。

現実世界には、当然のこととして（自覚をすることは稀ではあるが）、生と死が存在する。仮想世界の生と死は、当然、仮想のものであり、現実の生と死ではない。しかも、かわせみと魚の命のやり取りは現実のものには見えるものの、実は幻灯に貼られた仮想のものなのである。クランボンの生死は仮想の世界における仮想のものである。こうした何重にも重なる現実と仮想が織り成す世界が展開している。

現実の生死の世界に生きるのは、読者だけなのである。最後の「私の幻灯は、これでおしまいであります」という言葉は、「読者の皆さん、あなた方は命のやり取りがある現実の世界に、どうぞお帰りください」というメッセージと読み取ることができる。賢治は物語の橋渡しの世界にとどまり、物語を展開した登場人物たちは仮想の世界に戻る。

こういう構造を構成するために、最初と最後の一行が存在する。

さて、五月である。

まず、クランボンの生死が語られる。クランボンは、美しい青い世界の中の楽しげな存在である。その生死すら楽しげに語られる。クランボンの死には、再生があり、そこに命を失う恐ろしさや哀しさはない。死んではよみがえり、よみがえれば死ぬのである。そこに、やがて命を失う魚の影が織り込まれる。

クランボンの生死も、あるいは、現実の世界の命の象徴かもしれない。賢治の宗教観に伴う世界なのかもしれない。一見、無感動に見えるクランボンの生死こそが、本当は現実世界の生死観なのかもしれない。そう読んだ方が奥深くなる。

魚がかわせみに襲われ、命を落とす。

二匹のかには、現実の命のやり取りを、初めて目にする。このやり取りですら、美しい背景の下に行われ、それは仮想の命であるクランボンと何ら変わりはない。ただ、何かしら仮想とは異なる恐ろしさをかには実感する。かににすれば、実際に命を落とすその刹那を目にしたわけではないのに、その恐ろしさのみは実感する。それは、かにの遺伝子に組み込まれたものかもしれない。すなわち、命のやり取りは、「かに」という種族にとって宿命的に刻まれたものなのである。

その漠然とした恐怖は、かにの兄弟を襲う。美しかった世界も、かわせみの襲撃のためにその美的静寂が破れ、その波紋がえもしれぬ恐怖の背景として、かにたちを包む。兄弟たちにとって、身の回りのものすべてが自分たちを襲うものとして意識される。

秩序を取り戻すかのごとく、かにたちの父の登場である。そして、子どもたちにその恐怖の実態がかわせみであることを告げる。そして、かわせみは魚は襲うものの、かには襲わない。つまり、命のやり取りには順序があり、秩序があるのである。かににすれば、今まで通り、魚だけを、自分の略奪者として意識すればよい。今まで通り……このことがかにを安心させる。

周り全てが略奪者と見えたものが、秩序に従い、特定のものにのみ、注意を傾ければよいのだ。

視点を変えてみる。

かには水底に住む。魚は、水中を泳ぐ。かにと魚の世界は、水面によって区切られる。そこでは、魚は奪うものであり、かには奪われるものである。ここに、かにの父が言う秩序がある。この世界は、一見、閉ざされているようだが、水面は透明であり、かにたちにとっても、当然、その上に広がる世界があることは、認識できる。そして、その世界にもこうした命のやり取りが行われているだろうということは、当然のこととしてかにたちも想定している。

かには水底に住む。すなわち、この命のやり取りの中では、最底辺に生きる。水面上にも命のやり取りがあり、水の世界の上にも、あるいは水の世界のようなものが存在しているかもしれないと感じている。なぜなら、かには水上の世界を知覚することができない。さらに、その上にも……つまり、命のやり取りは、かににとって永遠に循環する上位者として存在する。しかし、安心できる。なぜなら、命のやり取りは、そのすぐ下位の者しか襲わないからである。

命の略奪は恐ろしい。しかし、そこには秩序があり、すぐ上位の者にさえ、注意していれば日常は送れる。日常は、安らぎである。

かばの花が流れる。

水面は揺れる。それは、まるで幻灯のようでもある……

十二月。

美しい情景から、十二月も始まる。

かにの子どもたちは、あわを出して遊んでいる。クランボンをあわだと仮定すれば、かにの子どもたちは、仮想の生死の世界を手玉にして遊んでいる。

背景は明るいものの、五月の光源は太陽であり、十二月のそれは、月である。昼の世界、夜の世界が対をなす。月光に照らされた世界は、あくまでも美しい。

そのとき、トブン。

かには、瞬時にかわせみを思い起こす。

水面に浮かぶあわを見つめていたかにたちにとって、自分たちと水面の間に魚はいない。そこは、透き通るまでの静寂に包まれた世界なのである。

魚は、いない。

かわせみが命を奪うべき、魚はいない。

かわせみは秩序を破り、2層下位のかにたちを襲うのか。

それは、秩序の破壊である。かつて、かわせみが水中に乱入してきた際に覚えた、身の回りの全てのものが、自分を襲う捕食者に変わる、その恐怖である。いつ命を奪われるか。いつ襲われるか。一瞬たりとも、猶予のない、そういう緊迫感の世界である。

全ての秩序が破れ、頭上のもの全てが襲い掛かるような恐怖……自分を支えていたもの、信頼していたもの、全てが足元からくずれさるような想い。子どもたちは首をすくめる。

かにの父が現れる。秩序の回復である。

かわせみではなく、やまなしである。

やまなしは、実の中に種を宿す。新たな生命の萌芽である。しかし、水に落ちたやまなしに待ち受けるものは、死である。その実自体、そして次の世代の命の死である。しかし、ここでの死は恐ろしいものではない。芳醇なものとして、再生される。やまなしという実体から、酒へと姿を変えるものの、そこには豊かさが広がる。死が穢れではなく、豊かなものになる。

ここに、新たな発想の転換を、かにたちは持つ。

命のやり取り。命を奪うもの、奪われるもの。そこに命を投げ出すもの。命を豊かさに変えるもの……。

ここで、幻灯は終わる。

この瞬間に、かにたちは命のないもの、仮想のものへと、姿を変える。賢治も仮想の世界との橋渡しの世界にとどまる。

「仮想と現実」が幾重にも織り成す構造を横のつながりとすれば、かにたちが感じた「命のやり取り」の構造は縦のつながりである。こうした構造がからみあうところに、やまなしという物語の展開がある。

こうした構造をつなぐ境が、幻灯であり、水面である。

どちらも何故か、揺らぐものである。

〈著者紹介〉
板東克則（ばんどう かつのり）
1957 年　神戸市に生まれる。
神戸大学教育学部　卒業
神戸市立特別支援学校、小学校教諭を経て、
現在、神戸市立山田小学校　校長、山田幼稚園　園長を兼務
「教育者であり、教育を伝える者でありたい」と願い、
現在も月に一度「又新《ゆうしん》の会（現任の山田小学校の旧校名）」を開催し、
教育について語り合う会を主宰している。
〈主な著作〉
『「教育」の眼鏡をはずすと子どもが見えてくる』（鷲田清一 × 板東克則）
（2008 年　農文協　食農教育９月号）
『教育現場で見る子どもの「ガッツ」』
（2016 年　金子書房　児童心理 12 月号）
現住所
〒 673-0533　兵庫県三木市緑が丘町東 1-21-22
E-mail: jyugyo-bd@clock.ocn.ne.jp

授業論 ――何もしない時間 そして手紙

2017年２月25日　初版第一刷発行

著 者　板 東 克 則
発行者　斎 藤 草 子
発行所　一 莖 書 房
〒 173-0001　東京都板橋区本町 37-1
電話 03-3962-1354
FAX 03-3962-4310

組版／四月社　印刷／日本ハイコム　製本／新里製本
ISBN978-4-87074-207-9　C3037